卓球超観戦術

0.3秒間のラリーから戦術を読み解く

松下浩二 著
初代Tリーグチェアマン

KANZEN

はじめに

初代Tリーグチェアマン　松下浩二

　この20年ほどで日本の卓球界も本当に大きく変わりました。私が現役の選手だった頃は、テレビや新聞などで卓球のことを扱ってもらう機会は決して多くはありませんでしたが、現在は卓球の話題を見ない日はないといっても良いくらいですし、卓球をやらない人にも広く卓球選手を知ってもらえるようになりました。

　振り返ると、〝泣き虫卓球少女〟としてお茶の間で親しまれていた「愛ちゃん」こと福原愛さんが、選手として知られるようになったのが２００４年のアテネ五輪。卓球の注目度が上がっていく大きなきっかけになったと思います。翌年の２００５年からは、卓球界で最も権威のある大会「世界卓球選手権」がテレビ東京で放送されるようになりました。少し経って、小学生時代に「愛ちゃん二世」といわれた石川佳純選手が日本代表として頭角を現し、女子を中心に少しずつ卓球人気が高まります。

　そして最大の転機となったのは２０１２年のロンドン五輪でしょう。女子団体において、平野早矢香、福原愛、石川佳純の３人が日本卓球界初のメダルを獲得し、一躍スター選手の仲間入りを果たしました。さらに４年後のリオ五輪では、女子団体に続き、男子団体も初メダル。そして日本男子を牽引してきた水谷隼選手が男子シングルスで日本初の銅メダルを獲得し、男子選手にも注目が集まるようになりました。

若手の台頭も著しく、現在女子では〝黄金世代〟といわれる伊藤美誠、平野美宇、早田ひなの3選手が女子卓球界をリードしており、また男子では張本智和選手という新たなエースが登場し、卓球人気はますます加速しているように感じています。

メディアでの選手の露出も増え、卓球を観る人がどんどん増えているのを実感しています。観るスポーツとしての卓球の面白さが認知され、卓球をやっていない人でも卓球観戦を楽しんでくれる時代になってきたことを、私自身も本当に嬉しく思っています。

卓球に限らずですが、スポーツ観戦をより一層楽しむためには、その競技のことをよく知ることが大切です。超高速のラリーを見ているだけでも十分楽しめますが、技術や戦術、ルール、そしてトップ選手たちの目に見えない攻防を知っていただけたら、卓球観戦はさらに楽しくなります。

皆さんの卓球への興味をさらに加速させて、より楽しく観戦するための一助となれることを祈っています。

目次

第2章　日本選手と戦型

第3章　中国はなぜ最強なのか？　日本の立ち位置とライバル国

第1章

回転の仕組みと卓球の基礎知識

ここがわかるともっと楽しい
卓球は「回転のスポーツ」だ

卓球がどんなスポーツなのかを学んでいくうえで、最初に知っておきたいのが「ボールの回転」についてです。

スポーツの中にはボールを扱う様々な球技がありますが、卓球ほどボールの回転がプレーに影響を及ぼす競技はないかもしれません。相手が打ち返したボールがどのように回転しているか、そこを正しく見極められなければ、まともに打ち返すこともできない、そんなスポーツだからです。

しかし困ったことに一番重要なボールの回転は、観客席からは見えません。それほど強烈な返球でもないのになぜミスをしたのか、どうしてスイングが場面場面で変わるのか、わかりにくいと思います。選手がどのようにして回転を利用し、攻略しているのか、その奥深さを知るために、基礎知識から学んでいきましょう。

ラリー中のボールの回転は大きく分けると4種類あり、上回転、下回転、右横回転、左横回転（**図1〜4**）となります。

上回転は前進回転といわれ、ボールの上部が進行方向に向かって回転しています。ボールが転がる時の回転と覚えましょう。その逆の回転が下回転で、いわゆるバックスピンです。ボールが飛んでいく方向の逆側に進もうとする回転です。

上回転と下回転は、選手から見て縦方向の回転で、一方で横方向に回転するのが横回転です。真上から見て時計回りに回転するのが右横回転、その逆は左横回転と呼ばれます。

この4つの回転は、それぞれ異なる性質を持っています。例えば、上回転のボールは飛んでいく時に下方向に沈もうとする性質があり、自らコートに向かう弾道になるため打球が安定しやすいといわれます（詳しくはp．41〜46）。また前進回転なので、相手のコートでバウンドした時に加速します。

一方、下回転は真逆の性質を持ち、軌道は若干浮き上がるように飛び（実際には重力があるので落ちます）、またバウンドした時はバックスピンの影響でボールは失速します。上回転と下回転ではバウンドした後のボールの飛び方が微妙に異なるので、

図1：上回転

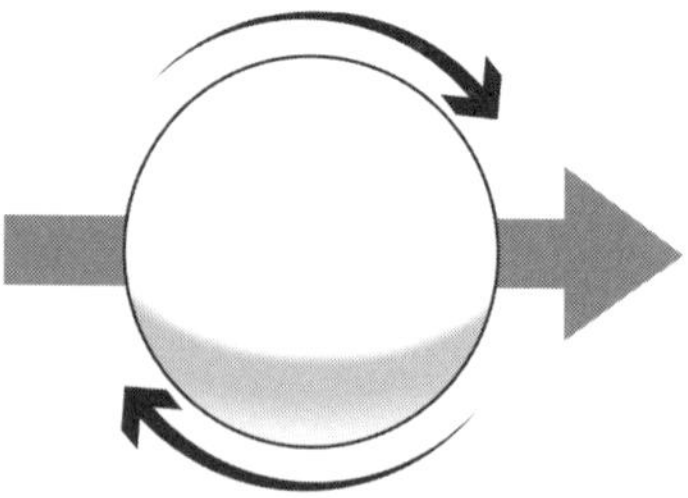

図2：下回転

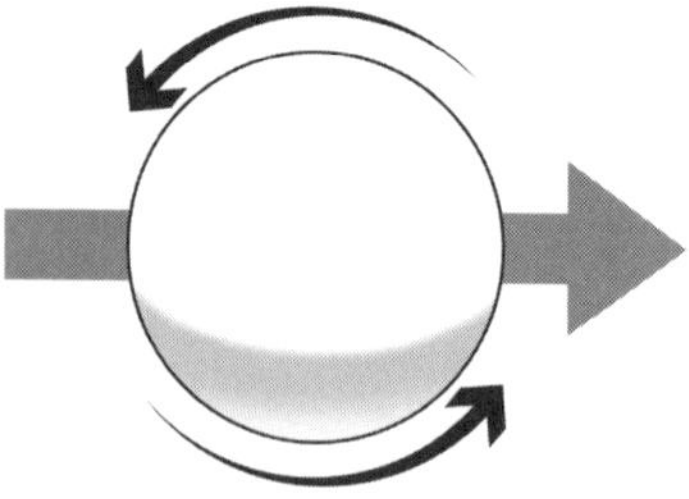

図3：右横回転

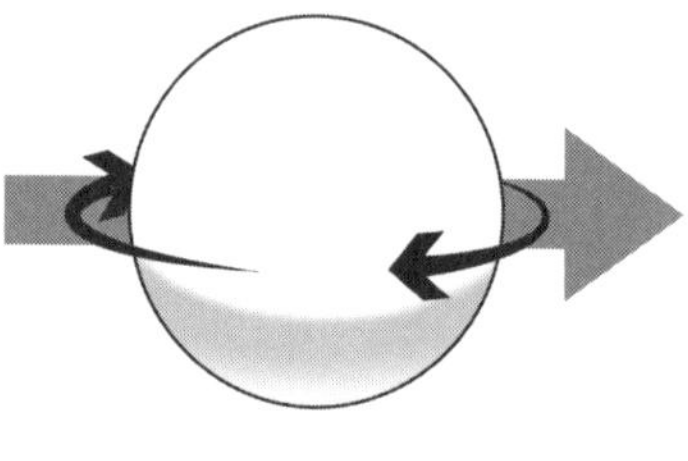

図4：左横回転

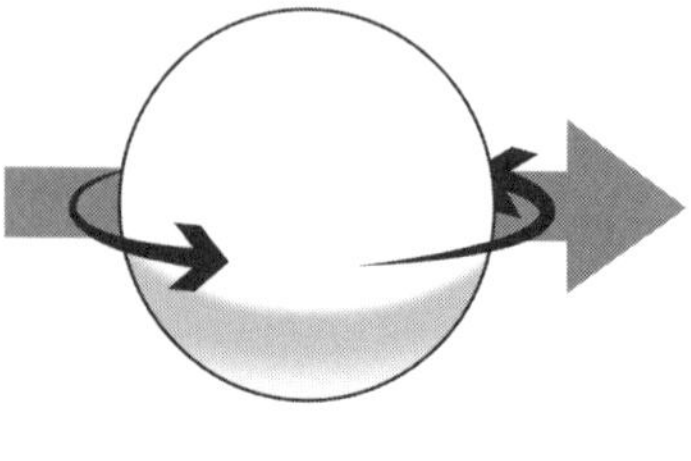

それらを打ち返す時は打球タイミングの調節が必要になります。横回転は横方向に曲がる性質を持ち、右横回転は打球した人から見て右側に、左横回転は左側に曲がります。

　打ち返す側としては相手のスイングと打球直後のボールの飛び方で曲がる度合いを予測し、適切な位置に動いてから打たなければなりません。

ラケットの角度を間違ったら最後!? 絶大なるボールの回転の影響

ボールの回転の影響を知るうえで最も重要なことが「打球する時の飛ぶ方向の違い」です。これが卓球を回転のスポーツたらしめる大きな要素なのです。それでは、基本的な仕組みを説明しましょう。

相手が返球した上回転のボールに対して、ラケットを垂直に立てた状態で打ち返すと考えます。上回転のボールがラケットに当たると、ボールの回転とラケットの摩擦によって、ボールはまっすぐ前ではなく、斜め上方向に弾みます（**図5**）。この上回転のボールをまっすぐ前方に打ち返したいならば、ラケットの向きを少し下向きにする必要があります。

下回転は上回転と逆の性質を持っており、ラケットをまっすぐの向きにして打球するとボールは下に落ちます（**図6**）。当然ながらネットを越えずミスとなってしまうので、下回転のボールを打ち返すためにはラケットを斜め上に向けます（上に向けず、落ちるボールを回転力で持ち上げるドライブという技術もあります）。

このように回転によってボールの飛ぶ方向が変わるので、自分のイメージしたコースに打ち返すためには常にボールの回転を判断して、適切なラケットの向き、スイング方向を作らなければならないのです。横回転も同様で、右横回転は打ち返した時に打つ人から見て右側に飛ぼうとするので、まっすぐ飛ばすためには少し左向きのラケット角度を作ります。左横回転はその逆なので、左側に飛ばないように右向きのラケット角度で打ち返します。

ボールの飛ぶ方向は、回転の強さによっても変わります。強烈な上回転に対する打球ならば、かなり大きく上に飛ぼうとするので下向きの角度は大きめにつける必要がありますし、ほどほどの上回転であれば、回転の影響も小さくなるので角度もほどほどになります。ボールがどの方向に回転をしているのか、どのくらいのスピードで回転しているのか。この2つを正しく判断できなければ、自分がイメージするコースに返球できません。卓球は、相手が打球してから0・3秒ほどで打ち返すので、本当に一瞬で回転を見極めているのだから、なかなかすごい世界です。

図5：上回転を返球した場合の角度と飛ぶ方向

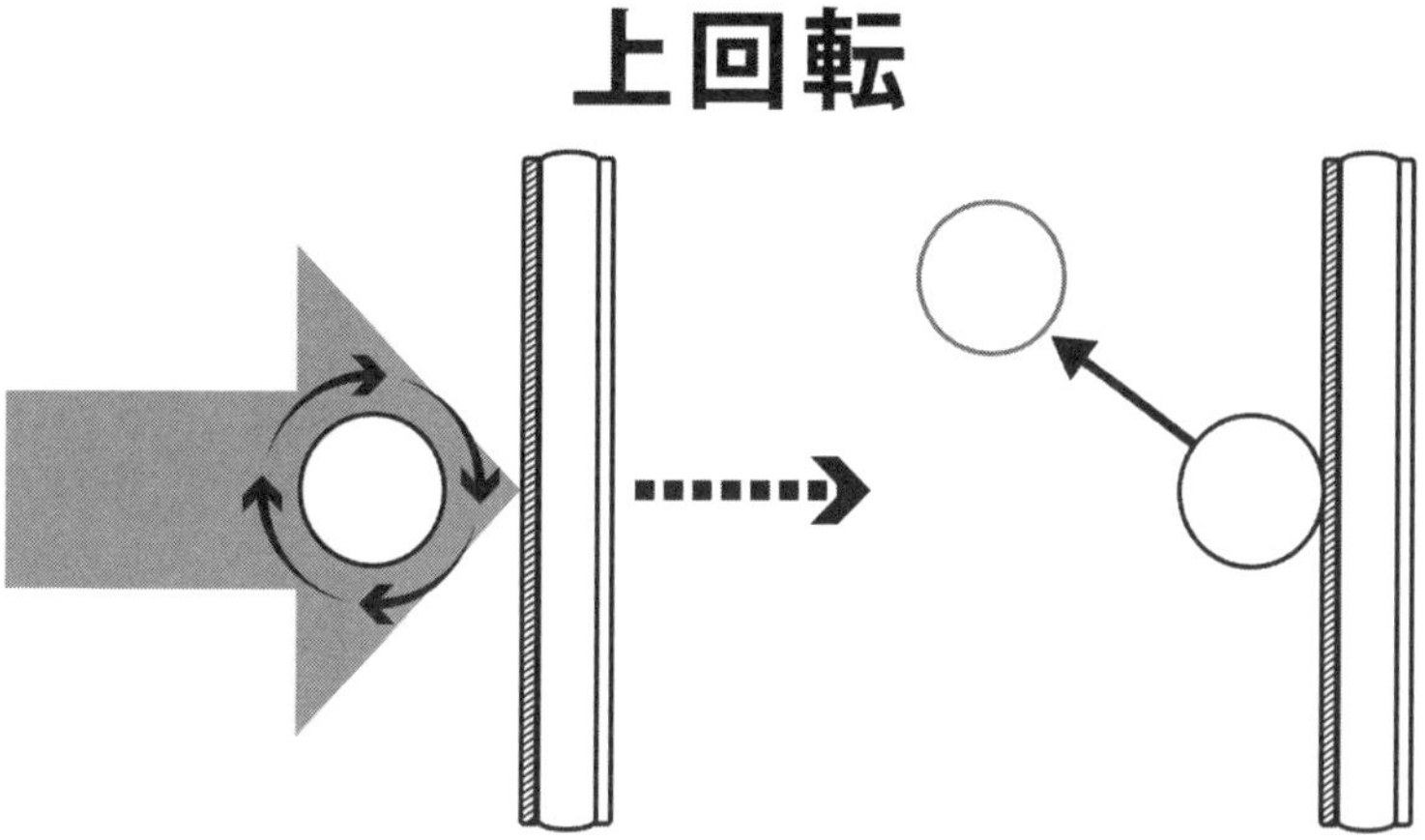

上回転のボールに対してラケットを垂直に立てて打球すると、ボールは上方向に飛ぶ

図6：下回転を返球した場合の角度と飛ぶ方向

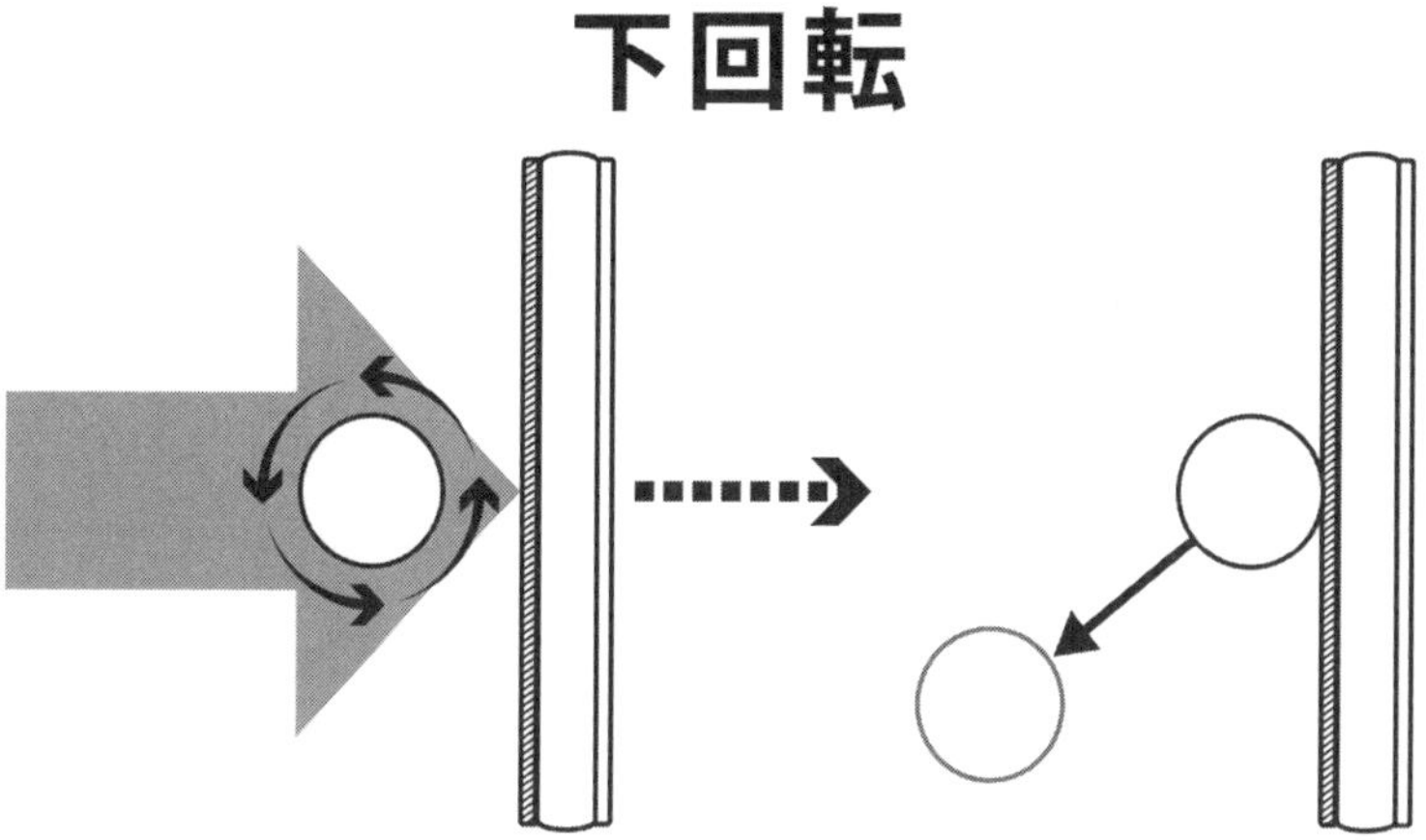

下回転のボールに対してラケットを垂直に立てて打球すると、ボールは下方向に飛ぶ

トップ選手でも実はボールの回転は見えない　回転の見極めは相手のスイングがカギ

よく「トップ選手は動体視力が良いからボールの回転が見えるんですよね?」と聞かれますが、実は全く見えません。強烈なスピンの時は、1秒間に100回転を超えるほどの高速回転なので、ボールに模様（文字）があるとはいえ、目で追うことはできません。それでは選手はどうやって回転を判断しているかというと、相手のスイングの方向です。簡単に説明すると、相手が上方向にスイングしたら上回転、下方向にスイングしたら下回転です。打球の瞬間のラケットの動きと速さを見れば、回転の方向と強さはだいたいわかります。

だからこそ一流の選手たちは、スイングで工夫し、相手に判断を見誤らせる努力をしています。トップ選手であれば回転の方向と強ささえわかれば、ものすごく強い回転が来たとしても対応はできるので、回転が強ければ強いほど良いわけでもありません。見た目のスイングのわりに回転が強いとか、下回転に見えるのに実は横回転だとか、このように変化をつけることが重要であり、〝回転のだましあい〟が常に行われているのが、卓球というスポーツなのです。

回転を操ることに長けた選手として思い浮かぶのは、水谷隼選手です。水谷選手の打球センスは世界トップレベルで、他の選手にはできない技術を使うことができます。例えば、ドライブという強く上回転をかける攻撃テクニックがあるのですが、彼の場合は回転をかけたように見せつつ、回転をかけずに飛ばすことができます。相手としては強い上回転だと思ってラケットを下向きにして合わせると、実際には回転が弱く、つまり上回転の性質である上方向に跳ね返る力が弱いので、ボールが下に落ちてミスになるのです。

言葉で説明すると、それほど難しい技術には聞こえないかもしれませんが、実戦の中でこのようなハイレベルなテクニックを使う選手は世界でもほとんどいません。

「表ソフト」とは？「裏ソフト」とは？多種多様なラケット&ラバー

卓球を語るうえで欠かせないのが、ラケットを始めとする用具についてです。観戦するにはあまり関係ないと思われるかもしれませんが、前述したボールの回転と用具はかなり深い関係でつながっていますし、選手の特徴やプレースタイルを知っていくためにも用具の知識は実は結構大切です。

まず用具にはどんな種類があり、どんな違いがあるのか、基礎知識から学んでいきましょう。

木製のラケットの両面に赤色&黒色のゴムが貼ってあるのが卓球のラケットです。ラケット全体を表す時も、本体の木の部分を指す時もどちらも「ラケット」と呼ぶので少々ややこしいです。そして、貼ってあるゴムは「ラバー」と呼ばれます。

ホビー用のラケットはすでにラバーが貼った状態で売られておりますが、競技用のラケットを購入する時は、ラケット（木の部分）とラバーは別々になっているので、それぞれ自分に合うものを選んで、お店で貼ってもらったり、自分で貼ったりします。

どのラケットにどのラバーを貼るのがベストなのか、組み合わせを考えるのも用具選びの面白さ。ラケットも、ラバーもかなりの種類があり、用具について熱く語る草の根の「用具マニア」が多数いるのも卓球界の魅力の一つかもしれません。

まずはラバーについて詳しく解説していきましょう。卓球のラバーは大きく2つに分けることができます。一般的によく見られる、表面が平らのものが「裏ソフトラバー」、そして見たことがない人も多いかもしれませんが、表面がツブツブのラバーもあり、これを「表ソフトラバー」と呼びます。

この2つは何が違うかというと、一つは回転のかけやすさ。裏ソフトは、ラバー表面の摩擦力によって、ボールをこすり当てた時に強い回転をかけることができます。一見すると、ツブツブの表ソフトの方が回転がかかるように見えるかもしれませんが、裏ソフトほど回転はかかりません。では表ソフトのメリットはというと、回転の変化です。通常とは微妙に違う回転量や、無回転の「ナックル」というボールが出しやすいのが表ソフトで、裏ソフトよりも相手のミスを誘うプレーに向きます。また表ソフトは回転をかけづらいですが、パチンと弾き飛ばすような打球に向いており、裏ソフトとは違う攻め方ができます。

日本の代表的な選手でいうと、張本智和選手や石川佳純選手は両面に裏ソフトラバーを貼り、強い回転で攻めるスタイルで、伊藤美誠選手は片側に裏ソフトラバー、もう一方に表ソフトラバーを貼っており、それぞれの球質の違いや表ソフトでの変化プレーを武器とするスタイルです。

表ソフトに似ており、粒の形がさらに細長くなったもので「粒高」というカテゴリーもあります。これは表ソフトよりももっと回転がかけにくく、スピードのある攻撃的なボールは打てませんが、その代わりに回転の変化が強烈なので、トリッキーなプレーに向いています。

現代卓球では裏ソフトラバーが主流なので、世界のトップでも裏ソフトを使う選手がほとんどで、表ソフトや粒高を貼る人はわずかです。しかし、使う選手が少ないからこそ表ソフトや粒高のクセ球が効果を発揮するともいえるので、必ずしも裏ソフトが強いというわけでもありません。

写真1：ラケット

卓球のラケット。同じラケットでも、グリップの形状の違いなどバリエーションがある。これにラバーを貼って使用する

図7：ラバーの種類

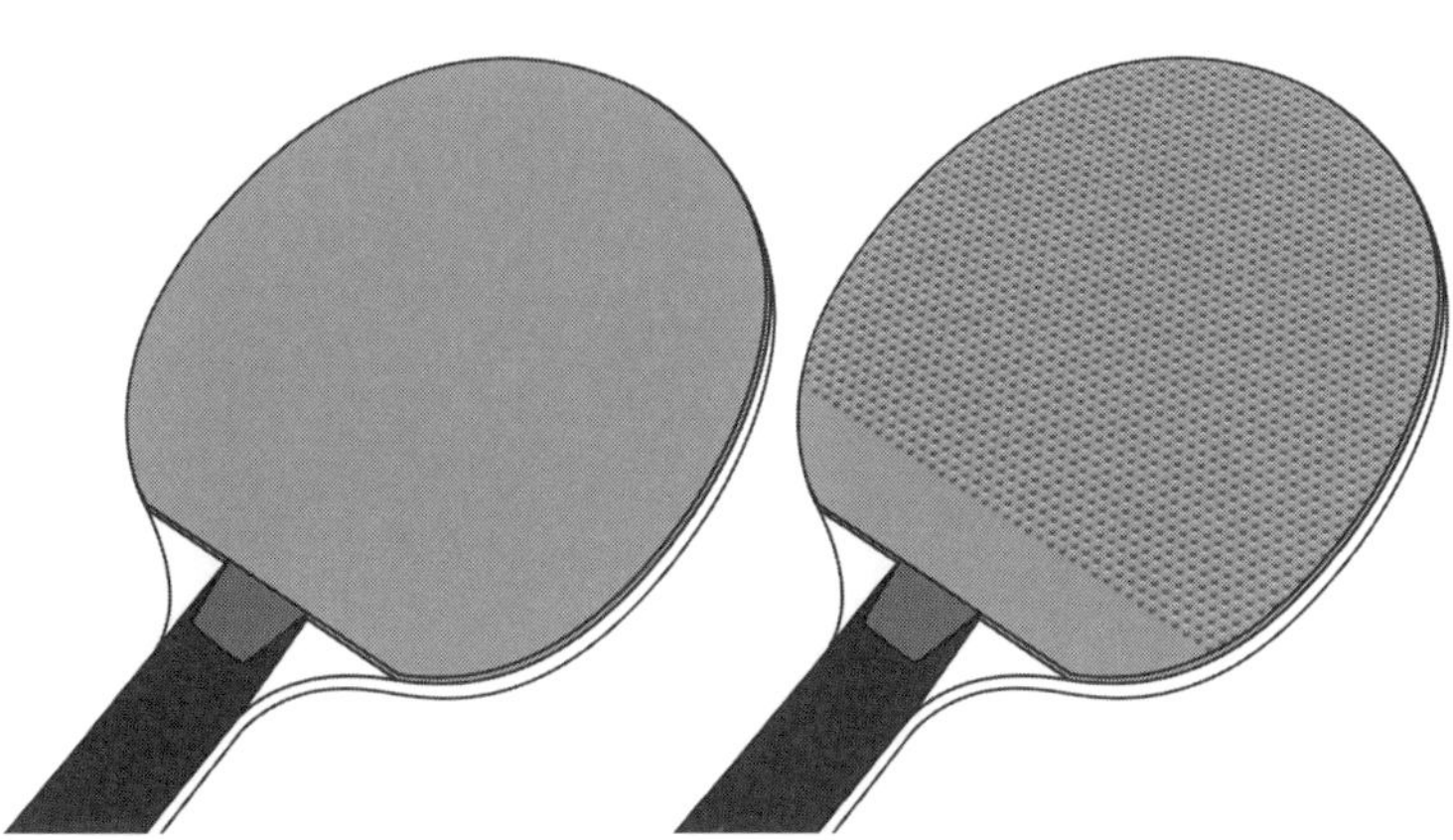

表面が平らなものが裏ソフトラバー。ツブツブのものが表ソフトラバー

同じ打ち方でも回転が逆になる強烈変化の粒高ラバーとは？

ラバーによって回転が違うといっても、ちょっとくらいのものだろう、と思っている人もいるかもしれませんが、ラバーの種類によってはかなり大胆に変わります。ラリー中にこの違いをしっかり見極められないと、簡単にミスをしてしまいます。

最も顕著に差が出る裏ソフトと粒高でその違いを見てみましょう。上回転のボールに対して、裏ソフトと粒高で返球したとして考えます。裏ソフトラバーで、自分から積極的に回転はかけずにまっすぐの角度で打ち返したとすると、返球されたボールは上回転となります（**図8**）。ボールがラバーに食い込み、表面のゴムが元に戻ろうとする力で回転がかかるためです。言葉としては、打つ前も打った後も同じ「上回転」ですが、図のように真横から見ると、打球の前後でボールの回転が逆方向になっているのがわかると思います。

**図9：粒高ラバーで
まっすぐに返球した場合**

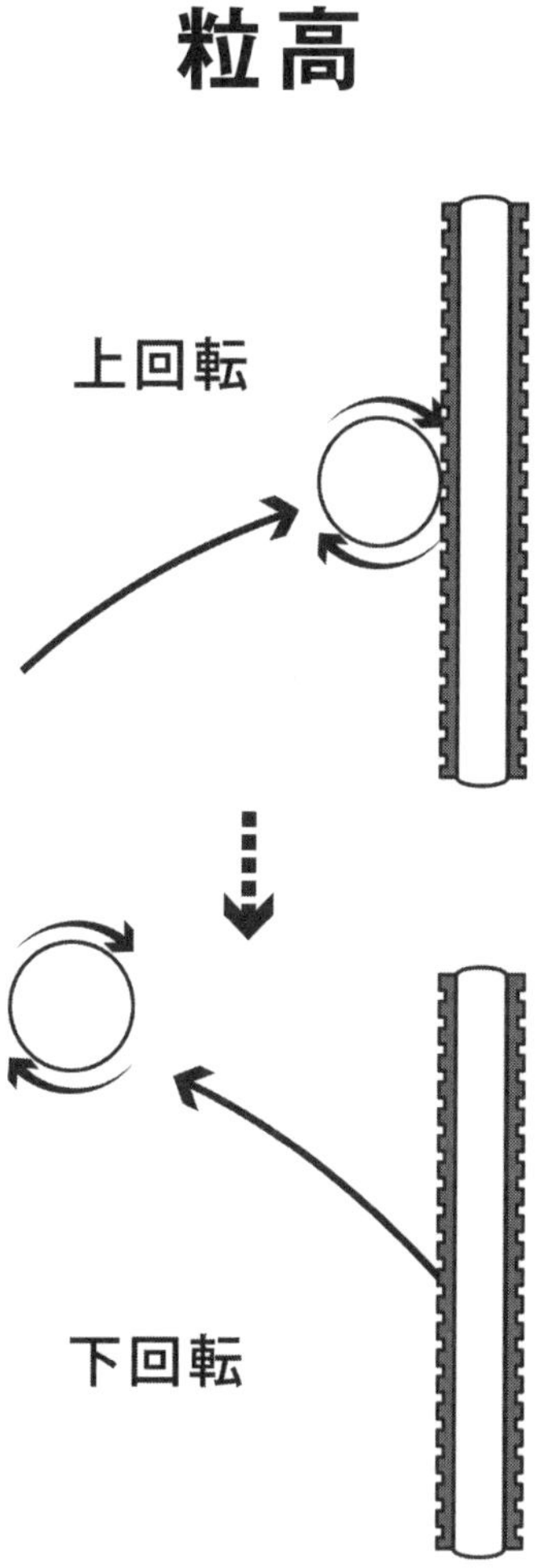

粒高ラバーは、表面でボールが滑るので、回転が残って返球される

**図8：裏ソフトラバーで
まっすぐに返球した場合**

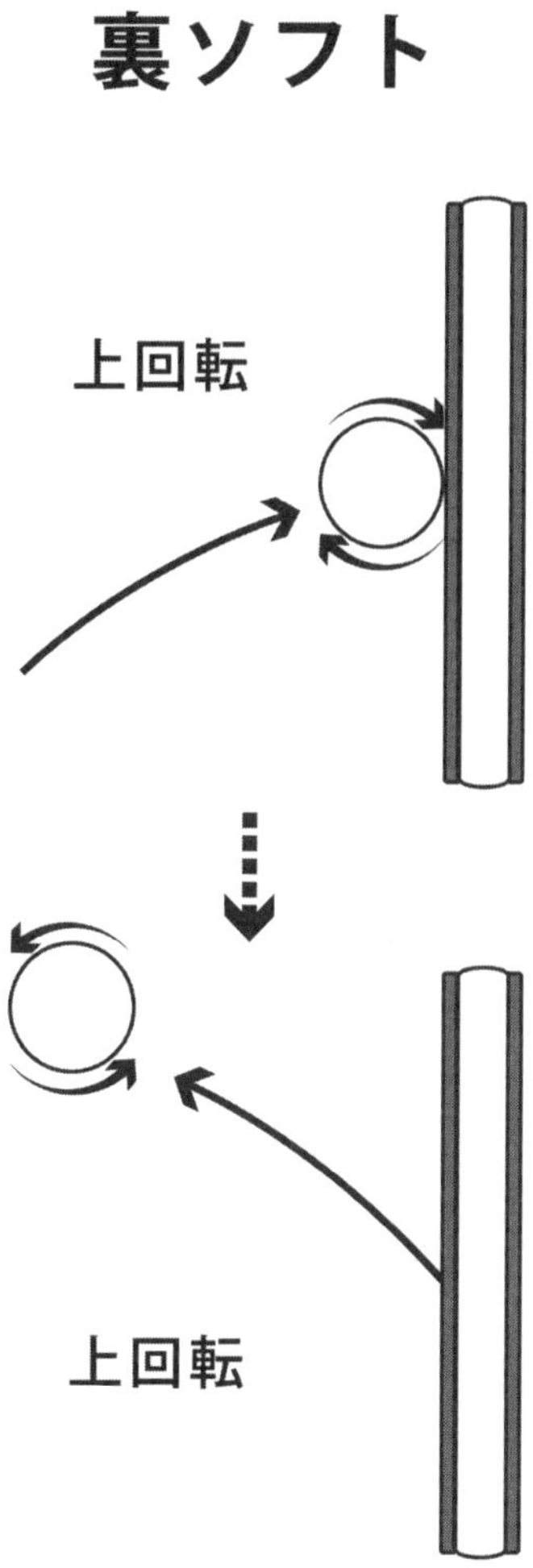

裏ソフトラバーはゴムの“ひきつれ”によって、逆方向の回転がかかる

一方、粒高ラバーは打球の瞬間に粒が倒れて、ボールがラバー表面で「滑る」感じになるので、裏ソフトで生じたゴムの反発による回転が起きません。打球前の回転が残って返球されます。真横から見ると、打球前と打球後で回転の方向は同じです。ただし、ボールの飛ぶ方向に対する回転の方向はそれぞれ逆になるので、打球後のボールは「下回転」ということになります（**図9**）。

ここでのポイントは同じような打ち方だとしてもラバーによって、真逆の回転になるというところです。前述したように、卓球は回転の見極めが重要なので、真逆の回転がくるというのは返す側としては非常に怖いこと。裏ソフトと粒高の両方を貼っている選手と対戦する時には、どちらで打ったのかを瞬時に判断し、それに合わせて技術を切り替えなければなりません。

ちなみに卓球のラバーが赤と黒の2つあるのは、見極めやすくするためなのです。同色ラバーがOKだった時代は、どちらのラバーで打ったかなかなか判断がつかず、ラリーが続かなくなってしまいました。それでは見ている側も面白くないので、片方が赤、片方が黒というルールに変更になったのです。卓球の試合では、開始前にラケット交換を行って、お互いにラケットをチェックする時間があります。この時に赤面が何のラバーで、黒面が何かを確認しておき、試合中の判断材料とするのです。

裏ソフトに絞ってもさらにいくつかのカテゴリーに分かれています。「テンション系」という回転とスピードに特化したもの、「粘着性」という強い粘着力でとにかく回転がかかるものなど。中国選手のボールは取りにくい、とよくいわれますが、その理由の一つが使っているラバー。特殊な中国製の粘着ラバーを使っており、これが他のラバーにはない独特のスピンを生み出します。

最後にちょっとした小ネタとして、「裏ソフト」「表ソフト」という名前の由来を説明しましょう。卓球が誕生した頃はラバーはなく、木材のラケットのみでプレーをしていました。そんな中、1900年頃にイギリスの選手が釣り銭皿のツブツブしたゴムシートをラケットに貼って活躍したことがきっかけで、ラバーが流行したといわれています。その後、シートを裏返して平らな面で打った方が回転がかかることがわかり、こちらが主流になっていきました。そのような順番で生まれたので、日本ではツブツブを表ソフト、後発の平らなものを裏ソフトと呼ぶようになったのです。初心者の中には「ラケットの裏面（バック面）には裏ソフトを貼らなければいけない？」と勘違いをする人がいるようですが、一切関係はありませんのでご安心ください。

ラケットはシェークとペンの2種類
世界のトップは95%がシェーク

ラバーを貼る本体の部分である「ラケット」について、基礎知識を学びましょう。ラケットは「シェークハンド」と「ペンホルダー」の大きく2つに分けられます。シェークハンドは名前のとおり握手するように握るラケットで、テニスなどに近い持ち方です（**図10**）。もう一つのペンホルダーはペンを持つように握るラケットで親指と人差し指でグリップ（柄／握る細長い部分）の根元を持ちます（**図11**）。

その昔、日本が強かった時代はペンホルダーが主流だったので、一般的にもペンホルダーのラケットが流行りました。特に年配の方は卓球と聞くとペンホルダーのラケットをイメージする人が多いと思います。

現在は、世界でも日本でも主流はシェークハンド。ペンホルダーは、シェークハンドに比べるとバックサイド（利き腕と逆側）のボールへの対応に難点があるため、使用する選手が少なくなっています。

世界ランキング（2020年4月）男女上位20位以上の選手計40名の中で、ペンの選手は中国の男子選手1名のみとかなり少ないのが現状です。

ただしこの数字はあくまでトップレベルの話ですので、草の根プレーヤーではもう少しペンの選手がいますし、現役でプレーを続けている年配の選手ではペンの方が多いでしょう。もちろんこれから卓球を始めようという人はシェークもペンも自由に選んでください。卓球専門店に行けばペンのラケットもたくさん取り揃えてあります。

ラケットもラバーと同じくたくさんの種類があり、それぞれで性能が異なります。選手が気にするポイントとしては、どれくらい弾み、スピードが出るかという「反発力」、打球した時の感触が手に響くかなどの「打球感」、あとは板の部分の「厚さ」、全体の「重さ」、「グリップ（握る部分）形状」などがあります。

ラケットは木材がベースですが、ルールでは「全体の85％以上が木材」となっており、実は残りの15パーセントは木材以外の素材を使うことができます。木材以外の素材としてはカーボンやグラスファイバーなどがあり、これらを木材の板と板の間に挟み込むことでより強い反発力を生み出すことができるのです。しかし、卓球はコートが狭い競技なので、飛びすぎるラケットはリスクも伴うため、反発力が高ければ良いというわけでもありません。選手たちは自分がラケットに何を求めるかを考えたうえで、ラケットの性能や、木材以外の素材の必要性を判断しています。

余談ですが「卓球ラケットの大きさにはルールがない」ことをご存知でしょうか？実は、ラケットがどんなに大きくてもルール上は問題ありません。とはいえ、大きくて重いラケットを作ったとしてもそれでは速いラリー展開についていくことはできないので、結局はどのラケットもだいたい同じ大きさになるのです。

ちなみにラケットの形にもルールはなく、フランスのエロワという選手がメーカーと共同で、くびれのあるバイオリンのような形のラケットを開発し、プレーをしていたこともあります。

図10：シェークハンド

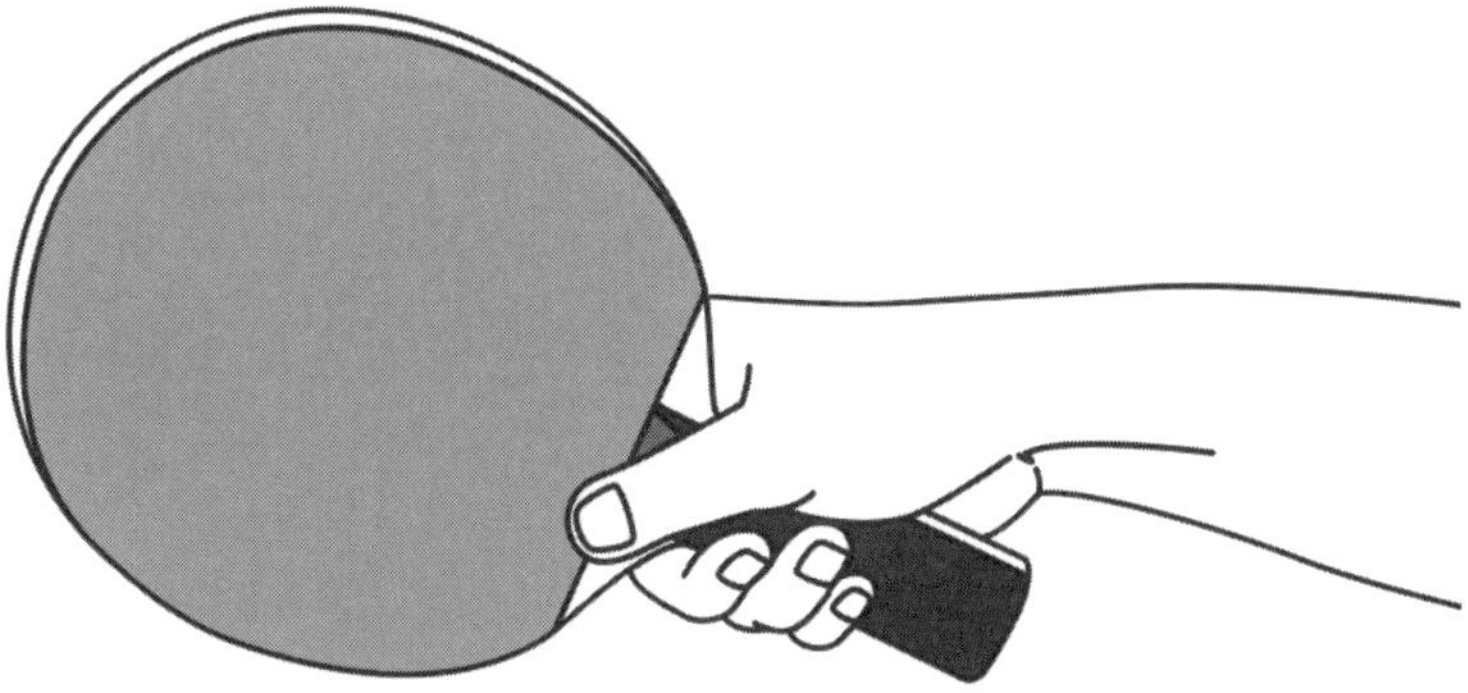

握手するようにラケットを握るのがシェークハンドラケット。バックハンドが打ちやすい

図11：ペンホルダー

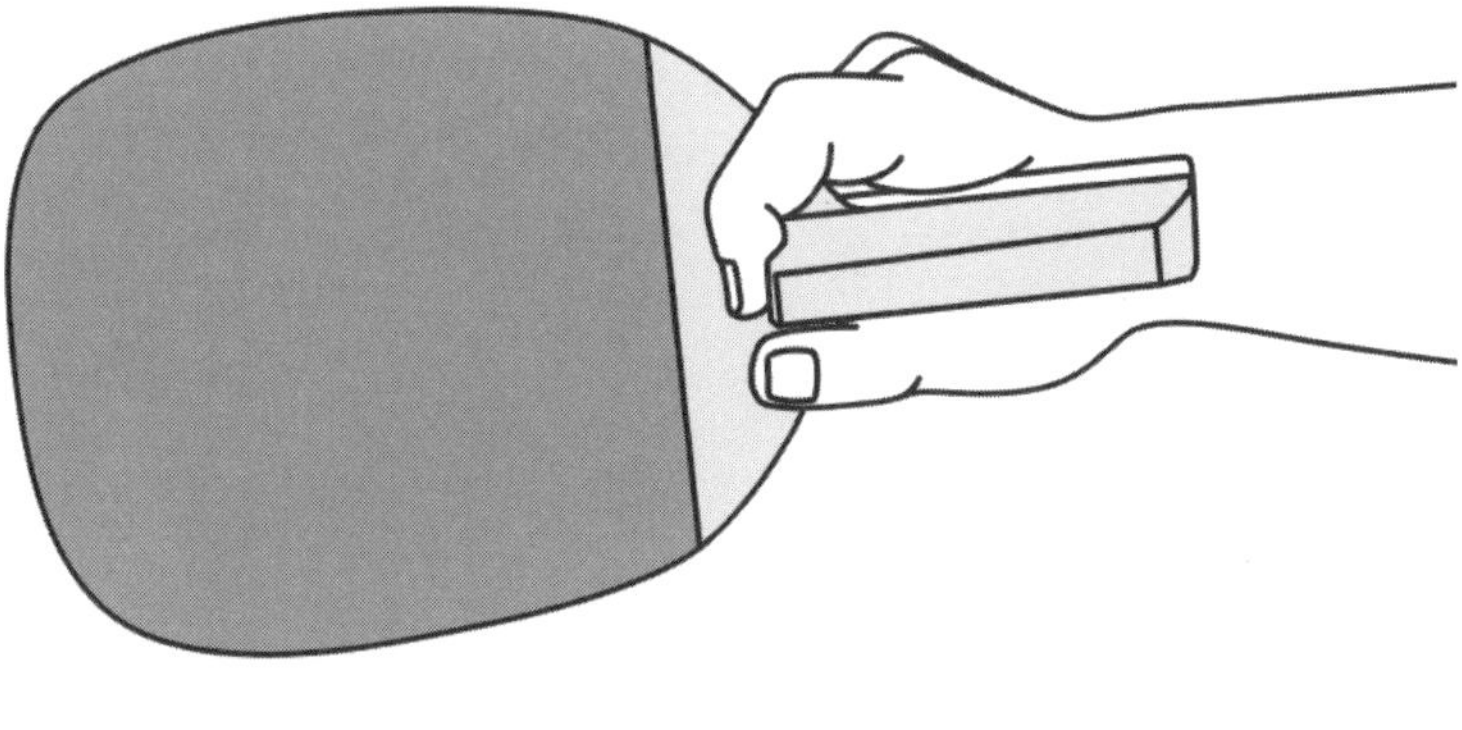

ペンを持つように握るのがペンホルダーラケット。手首が使いやすく、小技に向く

メーカーによって微妙に異なるボール&卓球台

卓球のボールは、直径40㎜、重さ2・7gとルールで決まっています。素材はプラスチック製で、数年前まではセルロイド製でしたが、セルロイドは可燃性があり危険だということでプラスチック製にルール変更されました。

大きさや重さ、素材はルールで決まっていますが、それぞれのメーカーがそれぞれの工場で製造しているので、全部のボールが完全に同じ品質ということにはなりません。弾みが強い、硬い感じがする、音が違うなど、メーカーによって微妙に違いがあり、選手によっても好みが分かれます。

どのメーカーのボールを使うかは大会によって決まっているので、選手たちは出場する大会のボールの種類をあらかじめ調べておき、直前の練習ではそれを使うようにしています。

メーカーごとに微妙な違いがあるボールですが、同じメーカーの同じ商品のボールであっても、ボール一つ一つには多少のばらつきがあります。ボールの形に少しでも誤差があると、打球時にボールがブレて、プレーに支障をきたすので、できるだけブレの少ないボールを選手自身が選べるよう、選球所を設ける大会もあります。

選球方法は非常にシンプルで、卓球台の上でボールを横方向に回転させます。いびつなボールの場合は、回転の中心（軸）がブレるので、そのようなボールは選ばずに、ブレないボールを自分の試合のコートに持っていき、使用するボールとして審判に提出します。

続いては卓球台です。台は縦274㎝、幅152・5㎝、高さ76㎝とルールで定められています。ボールをバウンドさせた時の弾みの強さもルールで規定があり、大会ではルールに適合した卓球台が使用されています。とはいえ、ボールと同じく卓球台もメーカーによって微妙な差があるので、トップ選手は卓球台の弾みの違いにも対応しなければなりません。

例えば、ヨーロッパ製の卓球台はボールが滑りやすいといわれます。だから短いサービスを出そうとしても、いつもどおりに打つと台から出てしまうし、相手の強打がいつも以上に勢いよく飛んできます。大きいラリー戦を得意とする選手に合う台といえるかもしれません。

日本製の台は表面のコーティング加工がきっちりされているせいで適度な摩擦力があり、ボールが滑りにくくなっています。短く打ち返すと、ちゃんと短く止まってくれるので、台上の細かいテクニックが巧い選手は日本製の方が有利です。

このように卓球台によって選手の有利不利があるので、日本代表選手たちが合宿などをする「味の素ナショナルトレーニングセンター」には、各メーカーの卓球台が用意されています。選手たちは出場する予定の大会の使用台を調べておき、同じ卓球台で練習するようにしています。

卓球の用具ではありませんが、実は体育館の床の硬さもプレーに影響が出ます。日本のように柔らかく、スプリングが効いている体育館と海外のコンクリートの床ではボールの弾みは結構異なります。

その他、気温や湿度、標高などでもボールの飛び方は変化するので、海外でプレーをする時はそのような違いにうまく順応させていく必要があるのです。

図 12：台の大きさ（ルール規定）

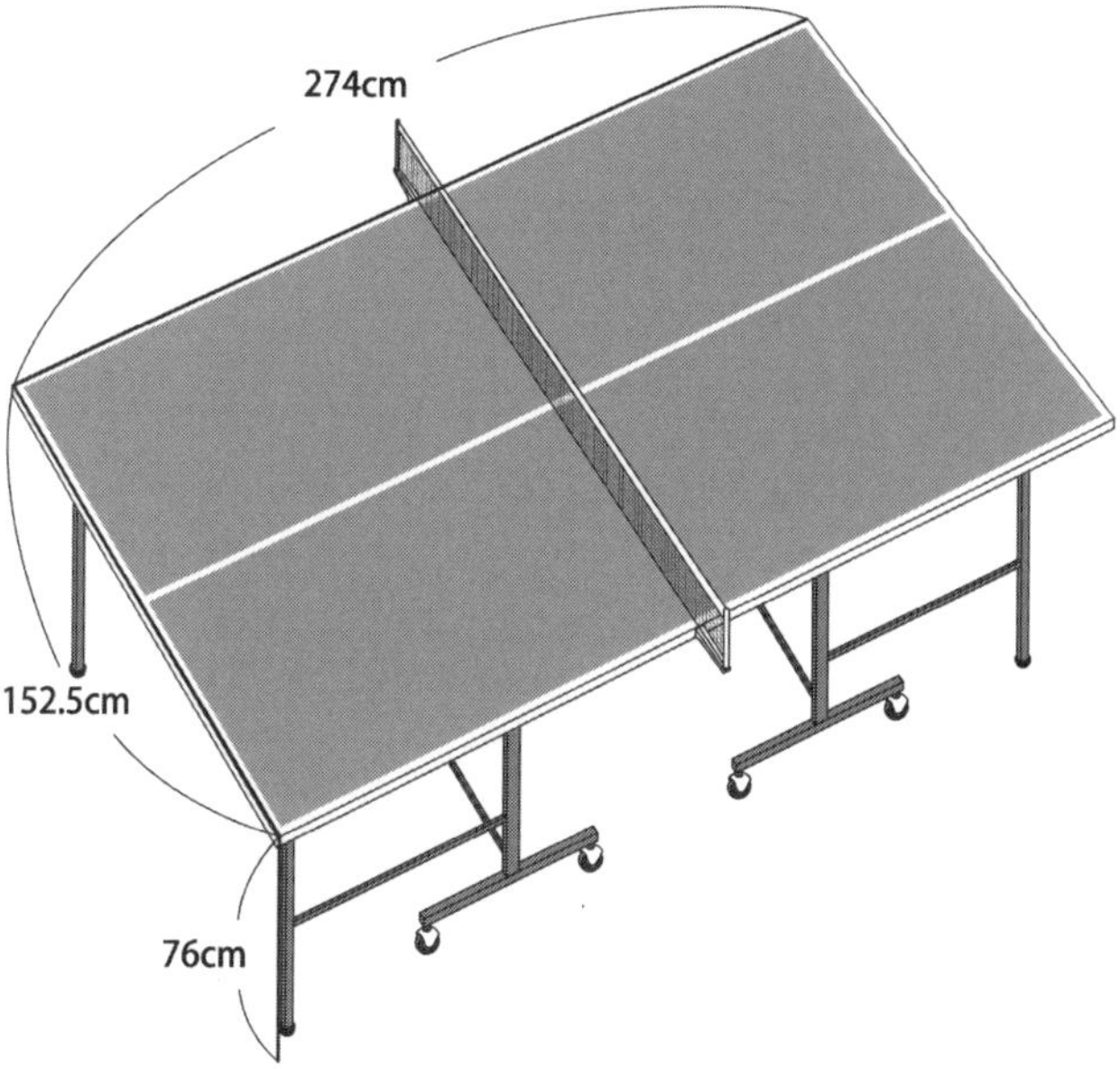

一般的な卓球台。小学２年生以下（バンビの部）では、高さが 10cm 低い台を使用する

図 13：ボールの大きさ（ルール規定）

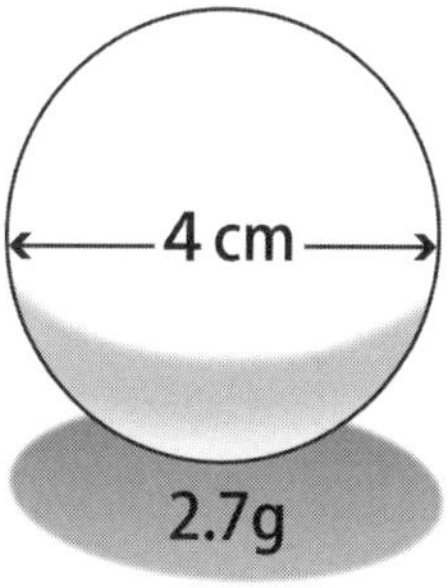

昔はオレンジボールもあったが現在は白のみ。試合用の公認球には三つ星「★★★」マークが描かれ、「スリースター」と呼ばれる。また「ラージボール」という直径 44mm のボールを使う、別の競技もある（ラージボールではオレンジボールを使用）

「1球目攻撃」、サービスの重要性

ここからはぜひ知っておきたい卓球の技術について紹介していきます。卓球において最も重要なテクニックは何だと思いますか？　決定打である「スマッシュ」を思い浮かべる人もいるかもしれませんが、一番は「サービス」です。

サービスとは、自分でボールを真上に投げ上げ（これを「トス」といいます）、落ちてくるボールを打球し、相手のコートに入れる、いわば「ラリーの1球目」。当然ながら、ラリーの入り口であるサービスで良いプレーができなければ得点にはつながりません。どんなにすごいスマッシュを身につけたとしても、そもそもそれを使える展開にならなければ、宝の持ち腐れなのです。逆にものすごいサービスを身につければ、その次の自分の打球で好きなようにチャンスを作ることができます。サービスを出して、相手が返球し（レシーブ）、そして次で攻めるので、これを「3球目攻撃」と呼びます。サービスからの3球目攻撃は、卓球においても最も得点しやすい展開なので、非常に重要です。卓球の解説でも「3球目攻撃」という単語はよく使われるので、ぜひ覚えてください。

そして、サービスが他の技術と違う最大の特徴が、「唯一相手の影響を受けず、自分の思いどおりに打球できる」点です。サービス以外の技術は、相手が打ったボールに対する打球になるので、当然ながらなかなか思いどおりにはいきません。相手の球質を見極めたうえでのスイングになるため難しさもあります。しかし、自分でトスして出すサービスは相手が誰であっても、それがたとえ世界チャンピオンだとしても、自由に出せます。そして、落ちてくるボールを打球するだけですので、３６０度自由自在に回転をかけることができ、様々に工夫を凝らして打球ができます。スマッシュのような強打はできませんが、その代わり自由なフォームで、多彩な回転をかけ、それを相手のコートのどこにでも出すことができる強みがあるのです。だから卓球では、基本的にサービス側が有利とされ、サービスは「１球目攻撃」という表現もよく使われます。

トップ選手の多くは、サービスの重要性を理解しているので、サービスの練習にはかなりの時間をかけますし、一般的なラリー練習よりも重視する選手もいます。それほどにサービスは大切なのです。

サービスは〝騙し合い〟の戦場

サービスは相手の影響を受けずに自由に出せるので、選手の個性が最も出る技術ともいえます。実際に試合を見ると、サービスは構えもスイングも十人十色で、選手それぞれではっきりと異なります。

そしてサービスでは多彩なフォームで様々な回転を使い分けます。上回転、下回転、右横回転、左横回転の基本はすでに紹介しましたが、その中間の斜め方向の回転である横下回転や横上回転も加わるので、回転の種類はさらに増えます。それに加えて回転をかけない無回転の「ナックル」サービスもあり、これらをうまく使い分けて、相手のミスを誘おうとするのです。

ただし、ある程度の技術レベルになれば、回転の種類さえわかれば、返球することはそれほど難しくはありません。サービスを効かせるために、どんな回転なのかを判断されないように出す必要があります。

例えばサービスの打ち終わりに相手を騙すための動作、「フェイクモーション」を入れて、違う回転に見せるテクニックがあります。下回転をかけつつ、打球の瞬間にラケットを振り上げて、上回転のサービスに見せるという具合です。またラケットのどこで打球するかによって、同じスイングでも回転量が微妙に変わるので、そこを利用して下回転とナックルを出し分ける選手もいます。

サービスのフォームは非常に重要で、オーソドックスなフォームだと相手も慣れているので返球されやすいですが、特徴的な打ち方をすれば相手も戸惑ってくれます。オリジナリティのあるサービスはそれだけで大きなメリットがあるのです。

素人目に見ると、卓球のサービスのフォームは人それぞれで、時には妙な打ち方と思うスイングもあるかもしれませんが、それらは選手が試行錯誤の末に辿りついた意味のあるフォームなのです。

サービスでは、回転やフォームだけではなく、コースや長さももちろん大切です。相手のフォアサイド（右利きならば右側）、バックサイド（右利きならば左側）のどこに出すか、ネット近くに落ちる短いサービス、コートの端に入るロングサービス。相手によって効果のあるコースは変わるので、そこもしっかり見極めなければなりません。もちろんコースも相手にバレてしまったら効果は薄くなるので、打球するまでどこに出すかわからないよう、できる限りフォームを同じにして出し分けます。

良いサービスが出せるようになると、試合運びは格段に楽になります。サービスからの3球目攻撃で得点を重ねると、相手としてはこちらに強打させたくないので、より厳しくレシーブしようとします。その結果、無理に行きすぎてミスをしてくれます。サービスの回転がわからないと、レシーバーはサービスをミスなく返球することばかりに意識が集中してしまい、その他のプレーがおろそかになるということもあります。だからサービスは大切なのです。

サービスは手品、騙し合いのようなものと表現する人もいますが、まさにそのとおりで、お互いにサービスで相手の裏を描くことを意識しながら出しています。トップ選手の試合を見ていると、一見なんてことないゆっくり飛ぶサービスに対してミスをしたり、時には空振りをすることもあり、知らない人から見れば「凡ミス」のように見えるかもしれませんが、実際にはかなりハイレベルなサービスとレシーブの攻防が繰り広げられていると理解していただけると嬉しいです。

サービス有利の常識を覆した画期的な新テクニック「チキータ」

サービスと同様に重要なのが、サービスに対する返球、「レシーブ」です。他のスポーツでは、打ち返すこと全般をレシーブといいますが、卓球ではサービスに対する打球のみを指します。

前述したように卓球はサービス側が有利なので、レシーブ側は苦労します。まず第一に、相手のサービスの回転を正確に見極め、ミスなく返球しなければなりません。返球できたとしても、甘いレシーブになったら相手に3球目攻撃をされてしまうので、相手の攻撃を封じられるよう、コースなどを工夫する必要も出てきます。その2つをクリアしたうえで、いかにして自分の得点に結びつけられるかがポイントになります。

卓球の試合を見ると、頻度としてはネット近くに落とす短いサービスが多いことに気づくと思います。長いサービスはレシーブで強打される恐れがあるので、強打が難しい短いサービスが軸となるのです。長年これが卓球の常識だったのですが、十数年前にある技術が登場して、卓球のサービス、レシーブの考え方がガラリと変わりました。その技術こそが「チキータ」です。

チキータとは、ネット近く、台の上で打球するバックハンドの攻撃テクニックで、ボールに強い横上回転をかけます。それまでは短いサービスに対しては攻撃的なプレーがしにくく、ゆえにサービス側が有利といわれてきたのですが、チキータという台上での攻撃が可能なテクニックが生まれたことで、サービス有利の常識は変わりました。

このチキータという技術は、もともとチェコのコルベルという選手が使っていたテクニックです。チキータとはバナナのブランド名で、ボールが曲がりながら飛ぶので、このような名前をつけたようです。

コルベル選手のチキータをいち早く取り入れ、最重要のレシーブ技術として高めたのが中国なのです。レシーブにおけるチキータ全盛の潮流を作り出し、世界の卓球を中国選手が変革し、それに他国の選手たちも追随していきました。

「強打＝スマッシュ」は実は勘違い 攻撃の基本は「ドライブ」

テレビで卓球のことを取り上げてもらう時、卓球用語が正しく使われていないケースがあると、卓球関係者としては少々モヤモヤするものです。特によく間違われるのが「スマッシュ」です。卓球選手が強打を放った時はスマッシュと表現することが多いのですが、実はその多くはスマッシュではなく、ドライブなのです。ぜひ読者の皆さんにはスマッシュとドライブの違いを知っていただきたいと思っています。

スマッシュもドライブも攻撃技術であり、速いスピードでボールを飛ばすという部分では一緒ですが、実はボールのとらえ方が異なります。スマッシュはボールに対してラケットをまっすぐにしてとらえることが基本です。卓球ではこれを「フラットに当てる」「ミートで打つ」などと表現します。

一方でドライブは回転をかけるテクニックでボールに対してラケットは斜めに当た

ります。ラバーでこすり当てるようにしてとらえることで、強い上回転がかかります。見分け方としては、打球する面が若干下向きで、斜め上方向にスイングしていたらドライブ（**図14**）。打球する面が前を向いて、前方にスイング、もしくはすごく高いボールに対して上から叩きつけるように打ったらスマッシュです（**図15**）。

現代卓球のラリーはドライブが主軸となっているため、スマッシュが使われるケースは実はかなり少ないのです。高く浮いたチャンスボールに対してはスマッシュですが、それ以外の攻撃はほとんどドライブです。卓球経験者でなければ見分けるのは簡単ではありませんし、ドライブとスマッシュの中間の打法もあるので、明確な線引きはできませんが、そのような2つの打法があること、そして実はスマッシュは稀だということをぜひ知っておいていただけると嬉しいです。

そんなスマッシュとドライブですが、そもそもどうしてドライブばかりが使われ、スマッシュが使われないのか、せっかくなのでその理由も説明しましょう。

回転の性質を紹介した時に、上回転のボールは飛ぶ時に下に沈もうとする性質があると述べました。ここが大きなポイントになります。

スマッシュのように回転をかけず、まっすぐ高速にボールを飛ばすと、ボールは直

図14：ドライブのスイング

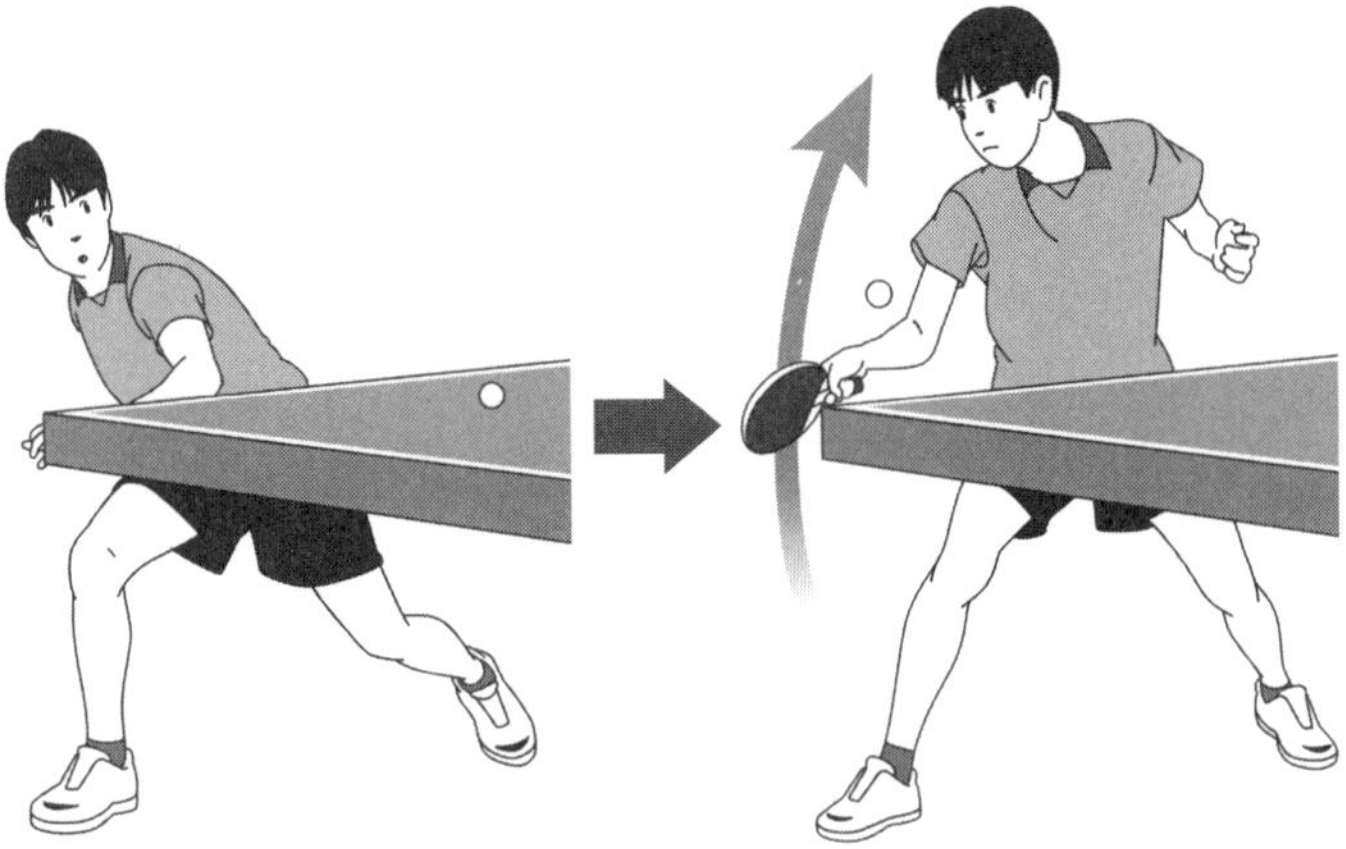

下から上にこすり上げるようにして打つドライブ。打球面は少し下を向く

図15：スマッシュのスイング

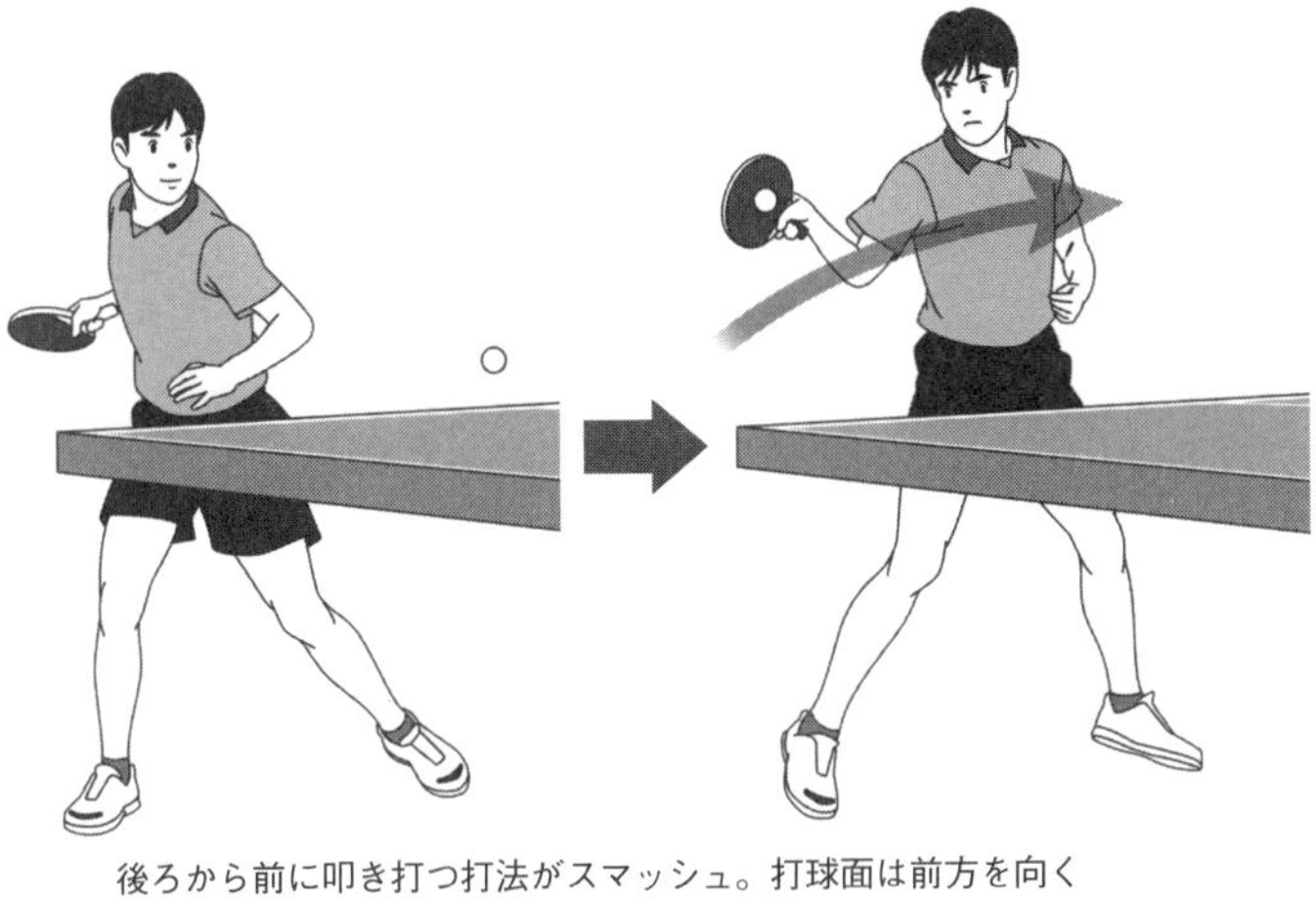

後ろから前に叩き打つ打法がスマッシュ。打球面は前方を向く

線的な軌道で飛びます。高い位置で打球するのであれば余裕を持って相手のコートを狙うことができますが、低い位置で打球するとなると狙えるのは卓球台の端のみになり、狙えるスペースがかなり限定されます（**図16**）。

一方、強い上回転をかけて飛ばすドライブは、ボールが沈み、弧を描くような軌道になります（**図17**）。先ほどのスマッシュと同じく、低い位置で打球した場合でも広い範囲にバウンドさせることができます。返せるコートの面積が広いので、ミスの可能性が減るというわけです。

ネットよりも低い位置で打つ場合、スマッシュ的な打法では基本的に入れることはできませんが（かなり威力を落とせば入れることは可能）、ドライブならばそれなりの球威を保ったまま相手コートに返すことができます。

全力で打った場合、まっすぐ弾き打つスマッシュの方がスピードが出るので決定力が高くなりますが、最近はラバーの性能が高まっているのでドライブでも決定打になりうる十分なスピードが出ます。スマッシュとドライブで、決定力と安定性のバランスを比べた場合に、ドライブの方が有効な打法になるので多くの選手がドライブを使っているのです。そして選手の戦型で、裏ソフトラバーを使うドライブ型の選手が

図16：スマッシュのコース

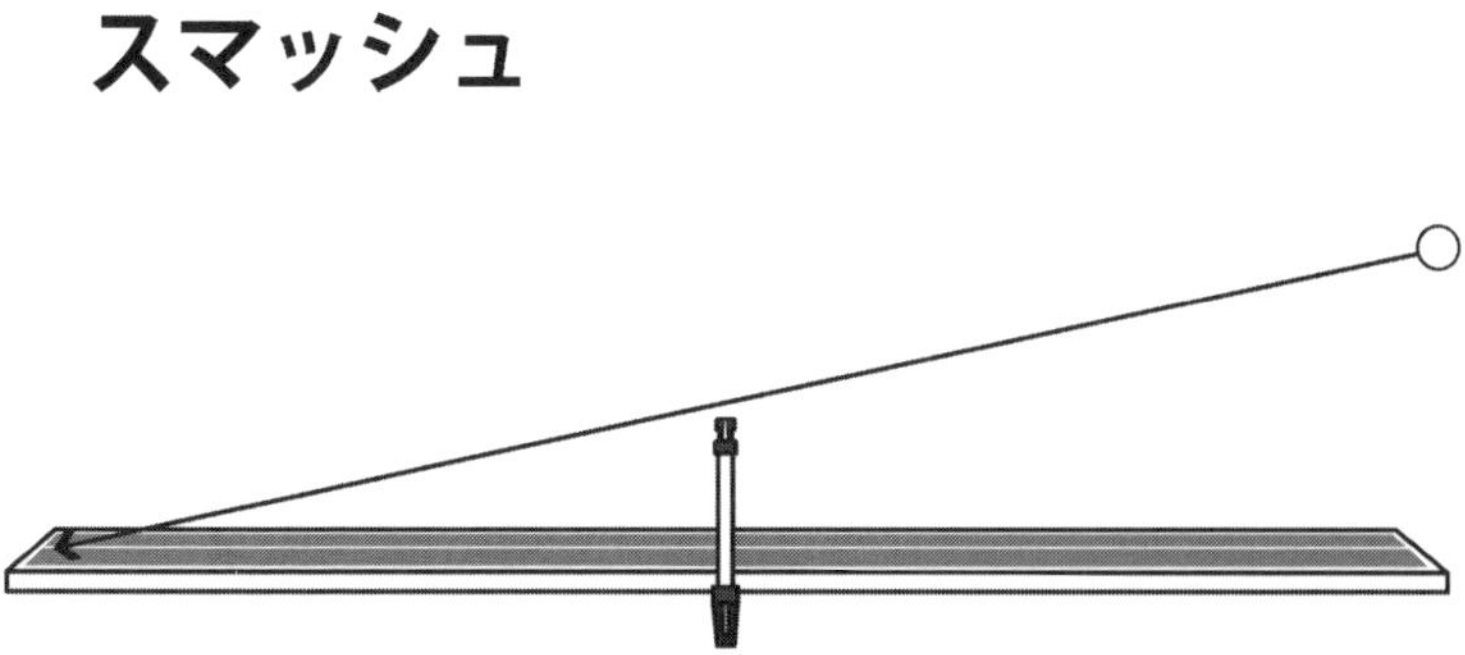

低い位置で打球する場合、直線的に飛ぶスマッシュは、入るスペースが限られる

図17：ドライブのコース

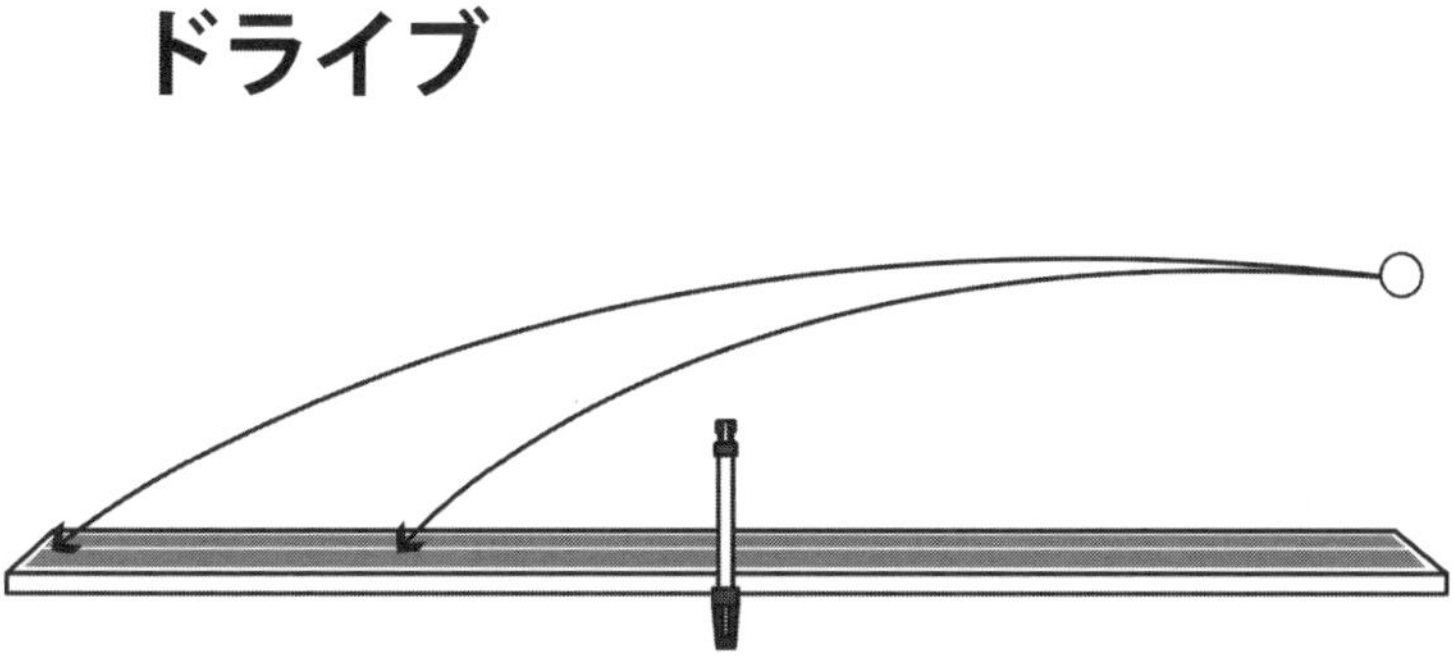

山なりに飛ぶドライブは広いスペースに入れることができる。またネットすれすれにもならないのでミスしにくい

多いのも、このようなドライブ技術の優位性によるものといえます。

登場回数の少ないスマッシュですが、ドライブにないメリットもあります。それは、ボールの返しづらさです。スマッシュはドライブほどに回転がかかっていないので、相手が打ち返した時にボールが落ちやすいという特徴があります（上回転の性質である、上方向に弾む効果が小さくなるため）。特に近年の選手はドライブを返球することには慣れていますが、スマッシュには不慣れなので、瞬時にスマッシュに適したラケット角度（打球面の向き）を出すことはなかなか難しいのです。

そんなスマッシュの良さを見事に使いこなしているのが日本女子のエース、伊藤美誠選手です。彼女は世界でも数少ないスマッシュを巧みに操る選手で、最大の武器ともいえる「美誠パンチ」は中国選手もなかなか対応できないほどのテクニックになっています。

それならば他の選手もスマッシュを使えば良い、と思うかもしれませんが、やはりリスクが高いので使いこなせるものではありません。伊藤選手の類まれなセンスと長年の努力があるからこそ可能な、すごいテクニックなのです。

利き腕側の「フォア」と逆側の「バック」そして重要な真ん中「ミドル」

すでに本書の中でも何度か登場していますが、技術やコースを表す時に使われるのが「フォア」と「バック」です。

卓球のスイングは、利き腕側（ラケットを持っている方）に来るボールに対する打法と、反対側（体の正面から利き腕の逆側）に来るボールに対する打法の2つに分けられます。利き腕側の打法が「フォアハンド」で、その反対が「バックハンド」。それぞれに技術があるので、ドライブでも「フォアドライブ」と「バックドライブ」があり、カットなら「フォアカット」と「バックカット」があります。選手によっては、得意不得意があり「フォアが強い」といえば、フォア側に強い、攻撃力があるといったニュアンスになります。

フォアハンドとバックハンドを合わせて「両ハンド」といういい方もあり、フォアでもバックでもドライブが打てるタイプを「両ハンドドライブ型」といったりします。右手と左手の両方を使うわけではありません。

フォアとバックは、コートの場所やコースを指す時にも使われ、「バックを狙う」といったら、相手にとってのバック側（利き腕ではない方）に打球するということになります。

また「ミドル」という言葉もあり、試合の解説でも「ミドルを狙う」「ミドルへの攻撃」という表現はよく使われます。ミドルとはざっくりいうと相手の体の正面のことで、「フォアとバックのどちらで打球するか迷うところ」という意味を含みます。卓球にはフォアとバックの2つの打法があり、それぞれボールが来たコースによって使い分けるのですが、中間に来ると一瞬フォアとバックのどちらで打つのか迷ってしまうポイントがあり、それがミドルなのです。

より具体的にいうと、選手の体の正面よりも少しフォア側付近で、相手のパンツの「右ポケットを狙う」ともいいます。ミドルへのボールに対しては十分な体勢で打つことはできないので、強打されることは少ないですし、相手の体勢を崩すことにもつながります。ミドルは全選手共通のウィークポイントであり、試合ではミドルを突く

図19：フォアハンド　　図18：バックハンド

利き腕側のボールを打つフォアハンドと体の正面で打つバックハンド

ことが非常に重要ですし、狙われた時にしっかり対応できるよう、ミドル対策も必須の練習項目です。

特に強打を打つ時はミドル狙いが効果的です。初級者では相手から遠い両サイド（台の右端、左端）を狙うのが安定性という意味でも基本になりますが、トップ選手になると両サイドのボールは逆に攻め返される可能性もあります。ミドルを狙えば決定力も高くなり、たとえ返球されたとしても甘いボールになるので次でさらに攻めることができます。

ネット際の攻防が面白い 地味だが重要な「台上技術」に注目！

選手の特徴を語る時に「台上が強い」なんて表現も耳にしますが、それはどういう意味でしょうか。「台上」「台上技術」というのは、ネット際に短く飛んでくるボールに対する技術全般を指します。台の上で打球することになるので、台の外で打球するドライブなどと区別して、このようないい方をしています。

ドライブのように豪快に打ち合うテクニックと比べると、台上技術は見た目の派手さはありません。スピード感もないので正直目を引くようなプレーではありませんが、実はすごく大切な技術なので、卓球観戦の〝通〟を目指す人はぜひ台上のプレーにも注目してください。

そもそも台上プレーは、攻撃的な打球が難しいというのが前提にあります。相手の強打を封じ、自分のチャンスを作るために、選手たちは短いボールを送り、台上で仕掛けて得点に結びつけようとするのです。台上が弱い選手は、ここで先手を取られて有利な展開にできなくなるので、台上を鍛えることは非常に重要です。

台上プレーでよく使われる技術が「ストップ」。これは、短いボールに対して短く返球するテクニックで相手の強打を防ぐことが目的となります。相手のストップに対して、ストップで返球することを「ダブルストップ」と呼び、トップ選手のプレーではお互いにストップで短く返す、ストップの応酬が見られることもあります。

ストップ以外には、下回転をかけて返すツッツキや攻撃的に返すフリック、あとはレシーブのところで紹介したチキータも台上技術に含まれます。最近は、チキータの逆の回転をかける「逆チキータ」という技術も誕生し、台上のプレーもより多彩に進化しています。

試合を有利に進めるうえで重要な台上プレーですが、ここの攻防で強いのがなんといっても中国選手。短い返球に対して自分が攻められないと判断したら、絶妙なストップで相手の強打を確実に封じ、相手の返球が少しでも甘くなったらすかさず台上から攻めてきます。相手が先にフリックやチキータで攻めたとしても、さらに攻め返してくるなど、台上からの展開に隙がないので、他国の選手は苦戦を強いられるのです。

台上における弁慶の泣きどころ「フォア前」が効く理由

台上に関連して「フォア前」という用語があります。これも解説で頻繁に使われますし、戦術を語るうえで重要なポイントです。

フォア前とは、フォア側のネット際のスペースを表します。右利きの選手ならば、自分側のコートの右側ネット近くのことで、このスペースは多くの選手にとって弱点ともいえる苦手なところなのです。

一般的な卓球選手の基本の立ち位置、ニュートラルポジションは、コートの中央よりも少しバック寄りになります。バックハンドよりもフォアハンドの方が得点力が高く、柔軟に対応しやすいので、より多くのボールをフォアで打球するために自分のフォア側のスペースを広くとるわけです。この立ち位置から最も遠くに位置するのが、フォア前になります。同じ短いボールでもバック前であれば比較的届きやすいのですが、

図 20：台上における「フォア前」のエリア

フォア側のネット近くがフォア前（縞線部分）。強打が難しいポイントだが、チキータによってその常識が崩された

フォア前はかなりしっかりと足を出さなければならず、また十分な体勢で打球できないので強打が難しいスペースです。

またシェークハンドの選手にとっては、手首の可動域のせいでフォア前はラケットの角度が出しにくく、打てるコースも威力も限定されてしまいます。

以上のような理由でフォア前は打球する側にとっては攻略が難しいスペースであり、相手を崩すうえでは欠かせない戦術上必要な狙いどころなので、サービス、レシーブではフォア前を狙うプレーが非常に多くなっています。

狙われやすいならば最初からフォア前に寄って構えれば良いと思うかもしれませんが、フォア前を意識しすぎると、当然ながら今度はその反対側であるバック深く（バックサイドのエンドライン側）を狙われてしまいます。急に来るバック深くのボールに対しては、バックハンドで強く返すことがかなり難しいので、返球が甘くなって次を狙われてしまいます。フォア前とバック深くの2点狙いは、卓球における基本的なコース戦術なのです。

チキータは台上攻撃を可能にした革新的な技術であることはすでに紹介しましたが、流行した背景にはフォア前の攻略がその理由としてあげられます。フォア前に来るサービスに対してフォアハンドで攻めるのが難しいので、大きくフォア側に動いてバックハンド技術であるチキータで攻撃することが今は当たり前になっています。当然ながら大きく移動すれば反対のバック側がガラ空きになるというデメリットが生じるのですが、それでもチキータの威力、使うことの有効性が高いため、多くの選手がチキータを使用しています。私の時代では、フォア前のボールをわざわざバックで処理するというのは考えもつかなかったので、本当に技術の進化は面白いものです。

チキータが流行すると、今度はチキータをさせまいとバック深くへのロングサービスが出てきます。フォア前か、バック深くか、トップ選手の対戦では、サーバーとレシーバーの深い読み合いが繰り広げられているのです。

水谷選手の粘りは一見の価値あり！最も盛り上がるロビングのプレー

卓球の試合には様々な見どころがありますが、やはりラリーが続くと観ている人としては楽しいものです。中でも大きく盛り上がるのが、スマッシュに対して台から大きく距離をとって高く返球する「ロビング」のラリーではないでしょうか。

ロビングを見ていると、「どうしてスマッシュが簡単に返されてしまうのか」「なぜスマッシュする側は空いたスペースを狙わないのか」と疑問に思う人もいるので、解説をしましょう。

基本的にはスマッシュ対ロビングは、攻め手のスマッシュ側が有利ですが、ロビング側も相手にミスをさせるよう様々な工夫をしています。その一つが、相手コートの「深く」を狙うということです。コートの深くとは、エンドライン側、つまり端を意味します（ちなみに、ネット際は「浅い」と表現）。高い弾道で、コートの深くにバウンドしたボールに対しては十分な体勢で打ちづらいため、スマッシュをしてもスピードが出ませんし、厳しくコースを狙うことができません。だからロビング側は悠々と返球することができるのです。また深くに返球すると、相手は小さく返球することもできないので、ネット際に落とすようなプレーも難しくなります。「コートから離れているのだから、相手は小さく返せば良いのに」と見ている人は思いますが、そうならないようロビング側が仕向けています。

このようにして相手に全力のスマッシュを打たせずロビングで粘って、ミスを誘い、甘くなった返球を逆襲して攻めて得点します。なんとかギリギリでしのいでいるだけのように見えて、実はロビング側が相手を追い詰めているということもあるのです。

またロビングに似たテクニックで、もう少し低めに飛ばし、上回転をかけるタイプは「フィッシュ」と呼ぶこともあります。

ロビングやフィッシュが巧い選手といえば、やはり水谷選手でしょう。正確に打ち返せる技術力もさることながら、水谷選手の武器はフットワーク。普通の選手ならば届かないボールにも追いつける守備範囲の広さは世界でもトップレベル。水谷選手のスーパープレーが出た時は大いに盛り上がってください。

斜めに返すクロス、真っ直ぐのストレート狙えそうで狙えないコースの難しさ

打球のコースを説明する時の用語で「クロス」と「ストレート」があります。クロスというのは、卓球台に対して対角線上のコースを指し、フォア側から打った場合は「フォアクロス」、バック側は「バッククロス」といいます。一方のストレートは、卓球台の縦のライン（センターライン、サイドライン）と平行の真っ直ぐのコースを指し、こちらもフォア側の「フォアストレート」とバック側の「バックストレート」があります。

クロスとストレートを比較した時に、効果が高く、得点力があるのはストレートです。ストレートの方が距離も短いので、相手に到達する時間が若干早まりますし、また卓球はクロスへの返球の方が基本的には多いので、ストレートの方が対応しにくいという理由があります。

図21：フォアクロスとバッククロス

コートに対して対角線上に飛ばすコースがクロス。距離が長く、安定してボールが入る

図22：フォアストレートとバックストレート

まっすぐ飛ばすコースがストレート。クロスに比べると距離が短いので、オーバーミスの可能性が高くなる

しかし、だからといってストレートばかり狙えば良いかというとそうでもないのが卓球のラリー。ストレートは距離が短いと述べましたが、それはオーバーミス（台よりも向こう側にボールが出るミス）しやすいということでもあります。またストレートへの打球はラケットの角度が合わせづらく、ボールがとらえにくいということもあり、だからドライブ対ドライブの激しい打撃戦になった時は、お互いにクロスでの打ち合いになります。

またストレートへの打球は甘くなると自分が苦しくなるともいえます。例えばフォアストレートに打って、それを相手がバックハンドでバッククロスに返球したとすると、自分のバック側へ厳しく返されることになるので、攻めたはずの自分が不利な展開になってしまいます。クロスに打った方が連続攻撃しやすいというメリットがあるのです。

観戦する人としては「ここはストレートに打てばいいのに」とか「なぜ空いたスペースに打たないの?」と思うかもしれませんが、実際にプレーをしている選手としてはミスや失点のリスクを考慮したうえでコースを狙っているのです。

絶対に返球不可能なノーバウンド返球

クロスに打球し、コートの両サイドに厳しく入った時は「サイドを切る」と表現することもあります。この場合のサイドとは、卓球台の両端の「サイドライン」のことを指し、サイドライン上を抜けていくコースのことを表しています。

有効なコース取りであることは一目でわかるかと思いますし、どんどん狙えば良いと思うかもしれませんが、それなりにリスクを伴うため簡単には狙うことができません。

その理由の一つは距離の問題です。通常の打球位置からクロス方向に打つと考えた場合、コートの角（コーナー）付近ならば距離があるので余裕がありますが、サイドを切るコースになるとかなり手前にバウンドさせなければならないため、オーバーミスの危険性が高まります。すぐ手前にネットがあるので、このコースに低くてスピードのあるボールを打ち込むのは至難の業です。

もう一つは、サイドを切って打ち返すと、より厳しくサイドを切って返される恐れが出てきます。相手のポジションを確認せず打ってしまうと「倍返し」に合うため、狙う際は気をつけなければなりません。

58ページの「ストレート」の話でもありましたが、決定力の高いコース取りというのは、えてしてリスクを伴い、甘い返球になると自分が苦しくなってしまうもので、そんな駆け引きもラリー戦の魅力の一つです。

またコースに関わる小ネタではありますが、会場が盛り上がるプレーの一つに「横入れ」というものもあります。これは、サイドラインの外側から入れる打球を表しています。

卓球のルールでは、返球する際に必ずしもネットの上空をボールが通過する必要はありません。ネットの外側、ネットより低い軌道で返すのもＯＫです。

唯一ネットより低く入れられる横入れの状況では、あえて打球する位置を下げて低めに返球します。打球したボールの軌道が台の高さとほぼ同じになると、ボールは低いバウンドで台の上を転がるようにして相手コートに入るので、絶対に打ち返されないテクニックとなるのです。

図23：サイドを切る

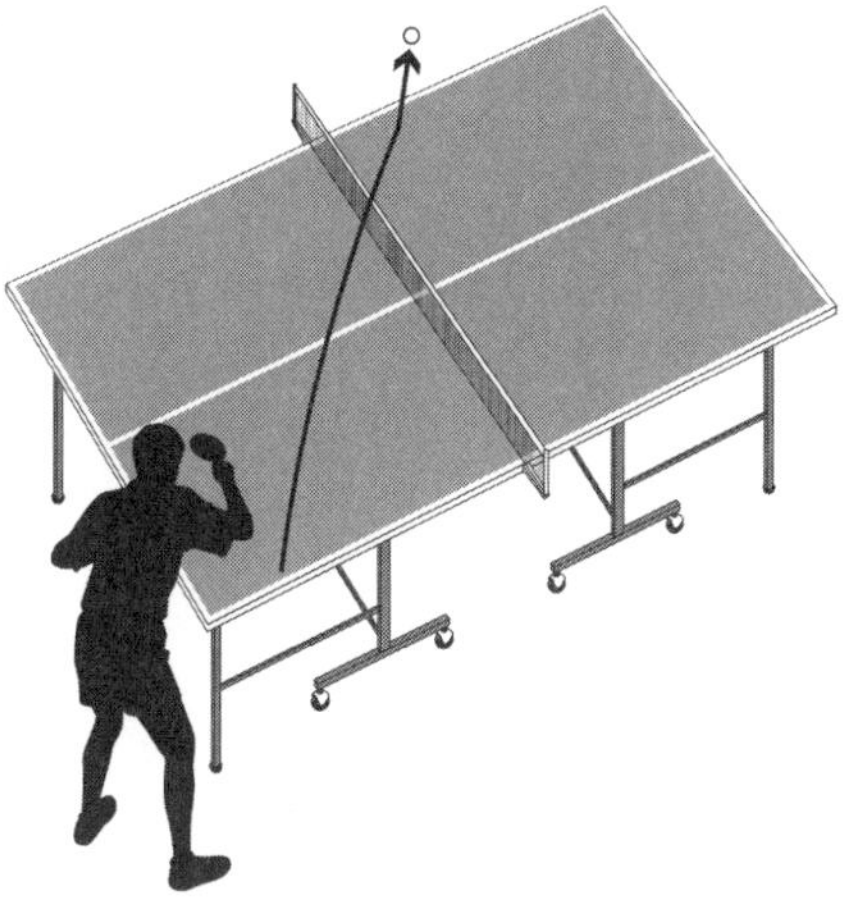

相手コートのサイドラインを割るコースが「サイドを切る」。得点力は高いが、リスクもある

図24：横入れ

ネットの横から入れる横入れ。台と同じ高さで入れられれば、ノーバウンドの返球不可能なボールとなる

バックサイドもフォアで攻めるべし！中国選手が強い「回り込み」

「回り込み」というのは、バックサイドに移動してフォアハンドで打球することで、攻撃的なプレーをするうえで欠かせない重要な動きです。

例えばテニスのプレーでは、フォアサイドのボールはフォアハンド、バックサイドのボールはバックハンドで打球するのが通常であって、バックサイドのボールに対して、わざわざ大きく動いて強引にフォアで打球するプレーは少ないと思います。テニスはコートが広く、移動距離が大きいのでなかなかできないと思うのですが、コートが狭い卓球ではバックサイドに移動してフォアで打つ、回り込みが頻繁に行われます。

なぜ回り込むのかというと、シンプルにバックハンドよりもフォアハンドの方が威力が出るからです。回り込めば自分のフォア側を大きく空けることになり、リスクもありますが、大事な場面で一発を決める時には回り込んでフォア強打を放つプレーが必要になってきます。

世界的に見ると、この回り込みが巧いのが中国選手です。バックハンドも十分すぎるほど強いのですが、それでも決め球はやはりフォア。中国選手に回り込まれた時のプレッシャーといったら相当なものです。

日本の選手で回り込みを多用する選手といえば、水谷選手でしょう。彼はバックハンドよりもフォアハンドの方が強く、なおかつフットワークが良いので、回り込むスピードも速いし、逆サイドのフォア側を突かれても追いつけるだけの脚力があるので、積極的に回り込みます。一方で張本選手の場合はフォアよりもバックの方が強いので、バックサイドに来るボールはバックハンドで処理することが多く、水谷選手ほどは回り込みません。

ちなみに、かなり高く浮いたボールがバックサイドに浮いた場合は、どの選手でもほぼ100%回り込んでフォアスマッシュで打球します。高いボールに対して、バックハンドでスマッシュするのは体の構造上難しいからです。

100m走をしながらチェスをするスポーツ
高速ラリーの奥に潜むは頭脳戦

ここまで卓球の技術やコース取りについて学んできましたが、激しい打ち合いの中に実は選手同士の駆け引きや戦術が隠されていることは少しずつわかってきたかと思います。かつて荻村伊智朗さん（故人／世界選手権で12個の金メダルを獲得・元国際卓球連盟会長）は「100m走をしながらチェスをするようなスポーツ」と卓球を表現しました。いかに卓球が頭を使う競技なのかを表した有名な言葉です。

外から見ればとにかく一生懸命ボールを打ち返しているだけに見えるかもしれませんが、コートで戦う選手たちは綿密にゲームの攻略法を考えながらプレーをしているのです。観戦するうえでも戦術を知れば、より深く楽しめると思いますので、ここでは「戦術」について解説していきます。

卓球の作戦は、大きく分けて「戦略」と「戦術」があります。戦略というのは、試合をするうえでの大まかな方向性と考えると良いでしょう。「自分からガンガン攻めよう」とか「前回は自滅が多かったから、今回はしっかりつないでいこう」、「相手は台上が苦手だから短いサービス主体でいこう」といった感じです。自分の中でのベーシックな戦い方を基本としつつ、攻めと守り、積極性と安定性のバランス、サービスの組み立てなどを相手に応じて考えておきます。

この戦略を踏まえて、具体的にどうプレーをするか、どうすれば自分の得点につながるかを考えるのが「戦術」です。戦術は、相手の打球も含めて、2、3手先を考えて、具体的にイメージしておく必要があります。「短いサービスが来たらストップしよう」くらいでは戦術とはいえません。例えば「フォア前にストップをして、相手はツッツキで来るからそれをドライブでバック深くに攻めよう」というように、相手がどのように返球し、それをどう攻めていけば自分の得点になるのかまで考えます。これを複数のパターンで想定しておき、実際のプレーに落とし込みます。

「とにかく頑張って反応して打ち返す」という頭を使わないプレーでも一応試合にはなりますし、格下ならば勝つことはできるかもしれませんが、同じレベルの選手に勝つことはできません。技術力が同程度の相手ならば、戦術の差が勝敗を分ける大きな要素になります。

卓球で最も大切な技術はサービスだと述べましたが、サービスからの展開は戦術が立てやすいのもその理由です。レシーブの場合は相手のサービスありきなので、ラリーをどう展開させるか、自分がコントロールするのは少々難しいですが、相手の影響を受けないサービスならばそれが可能です。良いサービスを身につければ、相手のレシーブを限定させることができるので、イメージどおりの展開に持ち込み、自身の3球目攻撃につなげることができます。ゆえに、戦術を組み立てるうえでは、自分のサービス&3球目攻撃でどう得点するかが、大きな軸になっていくのです。

選手にもよりますが、実際に試合で使うサービスからの展開はざっくりと2、3パターンくらいで、決して多くはありません。最も自信があるメインのサービス&3球目攻撃があって、それが効かなかった時に第2、第3のサービスで勝負します。

トップ選手の試合を見ていると、ゲームの途中から出すサービスをガラリと変えることがよくありますが、これは試合中に分析し、戦術を変えた証拠です。このような戦術転換から試合の流れが大きく変わることもあるので要注目です。

卓球は〝失敗できる〟スポーツ「9回のミス」が「駆け引きのミソ」

戦術の理想は、自分の得意を相手の不得意にぶつけることですが、実際にはそううまくはいきません。時には自分にとって不得意な展開であっても、わずかに得点率が高まると考えれば、それを使う必要が出てきます。

戦術をどのタイミングで使うかもポイントです。序盤から得意なパターンで一気に突き放そうとするタイプもいますが、戦術の組み立てが巧い選手は、序盤で効いた戦術をあえて後半まで残しておき、大切な終盤で使います。

試合後の敗者コメントで「後半はやることがなくなってしまった」なんて言葉もよく聞かれますが、これは使える戦術が尽きてしまったことをいっています。序盤で自信のある展開を使いすぎたために、後半にジリ貧に陥ってしまうことは少なくありません。そうならないためにも、戦術の使いどころを吟味する必要がありますし、自分の引き出しを多くしていくことも選手には不可欠なことです。

駆け引きに関する話題を続けましょう。卓球の試合は、1ゲーム11点制が基本。先に11点を取った方が勝ちになるわけですが、言い換えると最終的に11−9で勝てば良いので、9点はミスして構わないということになります（※10−10になると2点差がつくまで試合が続くので、11−10で試合が終わることはありません）。私自身、卓球は「失敗できる競技」だと考えています。最初から最後まで全部自分のポイントになるようプレーする方法もありますが、戦術に長けたトップ選手は、得点に直接結びつかないプレー、見せ球などもうまく使い、試合を組み立てます。9回の失点を上手に活かせる選手が勝てる選手になるのです。

例えば、自分がチキータを得意とする選手だったとします。そうすると相手は、こちらにチキータをさせたくないので、短いサービスを軸としながらも、時々バックへのロングサービスを混ぜて、揺さぶりをかけてきます。このロングサービスが来た時、安全に返すのではなく、なるべく積極的に攻めのレシーブを見せます。これは相手に対して「長いサービスが来たら攻めますよ」というアピールが目的なので、ミスしても大丈夫。ハッタリでも、強気のプレーを見せておくことで、相手は長いサービスが打ちづらくなり、こちらとしてもサービスが読みやすくなるというわけです。

この逆パターンもあって、あえて攻めずに少し消極的なプレーを見せておいて、ここぞという時にドンと攻めるという作戦もあります。序盤で餌を撒いておくわけです。

一見無謀にも見える序盤、中盤のプレーが実は終盤への布石だとしたら……そんな駆け引きを知っていれば、より深く観戦を楽しめるはずです。

生真面目な日本人はプレーが読まれやすい

「卓球選手はどうしてあんなに速いラリーを打ち返せるの？」と聞かれることもあります。日頃のハードな練習によって、常人離れした反応、反射を身につけていることも事実ですが、実はもう一つ備えている能力が「読み」です。「こう攻めればこう返ってくる」「さっきはここに来たから、次はこっちだろう」というように、相手のプレーを予測できているからこそ、超高速ラリーに対応できているのです。「読み」の能力の高さも、選手の強さを決める大きなバロメーターになります。

この読みは基本的には経験によって培われていくのですが、当然ながら相手の選手によって読みやすい、読みにくいはあります。読まれてしまっては簡単に返されてしまうので、意外性のあるプレーも必要です。日本の選手でいうと伊藤美誠選手は読みにくいタイプでしょう。技術的に多彩なうえに、セオリーとは違うプレーを織り込んでくるので、彼女の試合は何をしてくるかわからない面白さがあります。

私の経験上、やはり真面目な選手は戦術もセオリーどおりなので、比較的読みやすく、戦術も立てやすいです。日本の選手は全体的にこのタイプかもしれません。逆に読みにくいのがヨーロッパの選手。急に開き直って攻めてきたり、ここは攻めないだろうという難しいボールを平気で打ってきます。その一方で普通は攻めるべきチャンスボールをあえて打たなかったりと、意外性のある選手がたくさんいる印象です。

一方、中国選手は常に合理的に考え、最も得点率の高いプレーで来るので意外性のあるプレーは少なく、読みにくさはありません。そういう面では対応しやすいのですが、単純に技術力が高いので読めたとしても自分の展開に持ち込むことはなかなかできません。

戦術、メンタル、流れの密接な関係「ゴールは12点」で逆転負けを回避

戦術の駆け引きはメンタルとセットで考えることもできます。卓球はメンタルの波がプレーに大きな影響を及ぼす競技なので、強気か弱気か、冷静か焦っているかで、自分も相手もプレーが変わります。そして戦術の変化によって、相手のメンタルを崩すことも可能ですし、自分が崩されることもあります。

例えば、私はカットマンでしたので、とにかくカットで粘る守備的なプレーが戦術の軸でした。当然、相手は攻めのプレーが多くなります。守備対攻撃の構図で試合が進んでいく中、こちらが戦術を変更し、急に攻撃的なプレーを入れると、相手は戸惑います。こちらの攻めが連続で決まると、相手は強打させまいと対応をしてくるのですが、それまでは普通にできていたカットに対するドライブで不思議とミスが出始めます。対カットだけに集中していれば問題なく攻撃できるのに、相手の攻撃を防ぐと

いう他のプレーにも意識がいくことでスイングにわずかな乱れが生じるからです。そうなるとさらに焦りが増幅し、早く得点したいがために無理に攻撃してしまい、もっと失点を重ねて……と悪循環に陥ります。

ちょっとした変化がきっかけで全体のプレーが崩れることは多いので、適切な戦術で対応することはもちろん、同時にメンタルコントロールも必要になります。

また連続で得点していた人が失速したり、逆に完敗ムードだったのに急に当たれば入るような状態になったりと、試合には「流れ」があり、そこも観戦の面白さです。流れの変化はメンタルが大きく関わっています。特に多いのが、勝てると思った瞬間に守りに入ってしまうケース。プレーが消極的になり、自分からは攻めずに相手のミスを待つようになり、逆に相手に攻め込まれて、流れを失ってしまうのです。「勝ちを意識してしまって……」と逆転負けに落ち込む選手の姿をテレビなどで見たことがある人もいると思います。

勝利目前のメンタルコントロール術として、私自身は「ゴールは12点」と考えるようにしていました。11点がゴールだとするとどうしても10点目を取った時に「あと1点」という気持ちが出てしまい、プレーが硬くなってしまいます。ゴールは12点と自分自身に言い聞かせることで、心理的な変化を軽減させることができます。

あとは、とにかくやるべきことをやる意識が大切です。勝っていても、負けていても自分のベストを尽くす。それこそ、たとえ0－10の大差がついていても、最後の1点まで絶対に諦めずに自分のプレーを続けること。そういう意識が大逆転勝利を生み出す要因になります。

相手との距離が近いから互いのメンタルが手に取るようにわかる

メンタルはどのスポーツでも重要ですが、卓球ならではの特徴として、相手との距離が近いので、お互いの精神状況が表情ですぐにわかってしまう点があげられます。例えば、大差でリードしていたのに徐々に追いつかれてくると「やばいな」と焦りが表情に出て、それが相手にも伝わります。焦っている選手はプレーも消極的になってくるので、相手はチャンスとばかりに果敢に攻めていき、あっさりと逆転勝利をもぎ取ります。相手の表情を読み取って、メンタルを崩しにかかるというのもトップ選手ではよくあることです。

早く点が欲しいと焦っている選手に対して、徹底的に攻めさせないプレーでいく作戦もありますが、一見チャンスボールに見えるクセ球を送って、攻めさせてミスを誘うプレーもあります。ミスした相手はかなり動揺することになるので、うまく作戦がハマれば非常に有効なテクニックになります。観客側からしたら、攻めた選手の「凡ミス」に見えるかもしれませんが、もしかしたら相手が意図的に作り出した頭脳的なプレーの可能性もあるわけです。

逆転された時、開き直って気持ちを立て直せる選手は強いのですが、なかなか難しいものです。追いつかれてもまだまだここからという気持ちで頑張るのが理想ですが、弱い選手の場合は「だめだ」と自分から負けの方向に進んでいってしまいます。

11点制の卓球では、3―7くらいの点差であればかなりの確率で逆転可能です。3点の選手も全く諦めずにプレーすべき点差ですし、7点の選手も絶対に油断してはいけません。2―8だとかなり苦しいけど、なんとかならない点差ではないという印象です。観戦する側も、点差が開いたからといって諦めず、最後の最後まで選手を応援してあげてください。

私の経験では、格下の選手が格上の選手に勝つ〝番狂わせ〟は、逆転で起きることがほとんどだと感じています。格下が最初から最後までリードして勝つケースはあまり見たことがありません。これもメンタルが大きく関わっています。序盤でリードした格上が、中盤で「ちょっとくらいは取られても大丈夫」と気が緩んでしまう。そこから失点が続き、焦ってしまい……というのはよく見られる流れです。だからたとえ格下が相手の時でも、勝利が決まる最後の1本まで絶対に油断は禁物です。

あと格下との対戦は、とにかく1ゲーム目を取ることが重要です。ゲームを奪われると相手が「勝てるかも」と変に勢いに乗らせてしまいますが、1ゲーム目を取っておけば、高い確率で相手が諦めムードに入るので、勝ちやすくなります。

1ゲーム11点制でサービスは2本交代
卓球界の簡略スコア表記を覚えよう

ここからは試合や大会に関する基礎知識を紹介していきましょう。まず卓球の試合は、先に11点を取った方がそのゲームの勝利となる「1ゲーム11点制」が基本です。ただし10－10になった時は、2点差がつくまで試合が続きます。これを「デュース」と呼ぶこともあります。ちなみに、「1セット、2セット」といういい方もよく聞きますが、正しくは「ゲーム」です。

1試合が何ゲーム制かは試合によって異なり、多くは3ゲーム先取の5ゲームズマッチか、4ゲーム先取の7ゲームズマッチです。サービスは2本交代（10－10からは1本交代）で、各ゲームでエンド（コートのどちら側でプレーするか）を交代します。

ちなみに、試合中は6本ごとに（両者の得点の合計が6の倍数の時に）タオルの使用が認められています。

表1：通常のスコア表記

A選手		B選手
	11 — 8	
	5 — 11	
	14 — 12	
	6 — 11	
	13 — 11	

表2：簡略スコア表記

A選手［8、−5、12、−6、11］B選手

一般の新聞やテレビなどでは、各ゲームのスコアは「11−8」というように両者の得点を表記しますが、卓球専門誌、専門サイトなどは簡略表記を使うこともあるので、この機会に覚えておいてください。

例えば、2人の選手が5ゲームを戦って、**表1**のようなスコアだとします。これを卓球界の簡略表記にすると**表2**の形になります。各ゲームの勝者の点数は基本的に「11」なので、それを省略して敗者の点数のみを表記するわけです。そしてどちらの選手がゲームの勝者かわかるよう、左側の選手が取ったゲームの敗者の点数はそのままにし、右側の選手が取ったゲームでは「−（マイナス）」をつけます。

デュースの時もルールは同じで、表記のスコアに2点を足した数字が勝者の点数と判断することができます（第3、5ゲーム）。

団体戦は「オーダー」がカギ

〝エース回避〟で勝利した世界選手権の裏話

卓球は個人競技ですが、チームで戦う団体戦もあります。非常に白熱し、盛り上がる種目なので、ここでは団体戦について、基本的な情報を紹介しましょう。

団体戦の方式にはいくつかの方法があります。例えば、オリンピックの場合は、各チーム3選手ずつが出場し、シングルス4試合とダブルス1試合の計5試合を行い、3勝したチームが勝ちというルールになっています。このような団体戦を「4単1複」（単＝シングルス、複＝ダブルス）と呼ぶこともあります。3人で戦うので、1人はシングルス2回、残りの2人はシングルスとダブルスの両方に出場する形となります（**表3**）。世界選手権の団体戦はダブルスがなく、3名が出場する5シングルス方式。2名はシングルス2回出場、1名は1回のみとなります（**表4**）。

さて団体戦を楽しむうえで注目したいのが、どの選手をどこで使うかという「オー

表3：五輪における団体戦方式

第1試合	ダブルス	B&C ペア　VS.　Y&Z ペア
第2試合	シングルス	A　VS.　X
第3試合	シングルス	C　VS.　Z
第4試合	シングルス	A　VS.　Y
第5試合	シングルス	B　VS.　X

ダー」です。「トップはエースで行こう」とか「相手の2番手はカットに弱いからカット型の〇〇を使う」、「ダブルスはあえてこのペアリングで勝負」というように、相手のオーダーを予測したうえで、勝てるオーダーを各チームの監督たちは考えます。観戦する側としても、一体誰が起用されて、誰と誰が対戦するのかを、試合前に予想するのも楽しみの一つといえるでしょう。

表4：世界選手権における団体戦方式

第1試合	シングルス	A　VS.　X
第2試合	シングルス	B　VS.　Y
第3試合	シングルス	C　VS.　Z
第4試合	シングルス	A　VS.　Y
第5試合	シングルス	B　VS.　X

そしてこのオーダーこそ、団体戦の勝敗を決める鍵になるので非常に重要です。例えば、東京五輪の試合方式は、1番がダブルスで、2番から5番がシングルスなのですが、特にポイントとなるのがダブルスです。ここで取れるかどうかが、試合の流

れを大きく変えます。

私がチェアマンを務めたTリーグの試合方式も、トップがダブルスの4単1複なので経験上よく知っているのですが、ダブルスを取ると取らないとではチームの状況はかなり変わってきます。ダブルスで勝利し、2番の人がプレッシャーなく戦えるのか、ダブルスを落として2番が精神的に辛い状況で戦うのかは、全然違います。実際に0—1で回ってきた2番の選手が気負いすぎていつものプレーができなくなるケースもよく見られました。

一方で世界選手権の団体戦は5シングルスでダブルスはありません。3人で出場し、チームの上位2選手がシングルスに2回出て、それぞれ相手の1、2番と対戦。3番手は1回だけ出て、相手の3番手と対戦、というのが基本の形になります。

当然ながら強い選手を2回使った方が良いので、エースが3番に使われることはあまりないのですが、相手チームとの分の良し悪しでそのあたりのオーダーを変えることもあります。私自身が出場した大会での一例を紹介しましょう。

これは2000年の世界選手権（団体戦）クアラルンプール大会のことです。私はエースとして出場し、予選リーグは個人としては8勝0敗と負けなし、チームも1位でグループリーグを通過し、無事に準々決勝進出を果たしました。準々決勝で対戦した台湾は、蒋澎龍《チャン・ポンロン》選手という世界トップクラスのエースを擁する強豪チームです。蒋澎龍選手は私にとってはかなり分の悪い選手で、この大会では絶好調だったとはいえ、それでも勝てるかどうか、自信はありませんでした。また日本の3番手対台湾の3番手の相性もそれほど良くないので、普通のオーダーで戦うと蒋澎龍選手に2点、3番も取られて日本が負ける可能性が高い、そんな状況でした。

そこで私はあえて3番に出場することを志願しました。相手の3番手であれば絶対に勝てる自信があったのと、日本の残りの2選手、偉関晴光さんと田崎俊雄さんは台湾の2番手には分が良かったので、こちらの方がチャンスはあると踏んだのです。

監督は、好調の私を信頼してくれていましたし、エースとして2点起用を予定していましたが、私の案を採用してくれました（ちなみに、選手がオーダーに口出しするというのは、本来はあまり良くないことではあります）。

結果、蒋澎龍選手には2点を奪われましたが、相手の2番手から2勝、そして私が3番で相手の3番手を下して、日本男子チームは15年ぶりのメダル獲得を決めたのです。〝オーダーの妙〟がうまくハマった例といえるでしょう。

オーダーで〝相手の裏をかく〟
Tリーグ・大一番での琉球の奇策に感服

オーダーはそれを決める監督としてはなかなか難しい問題であると同時に、腕の見せどころでもあります。なるべく感情的にならずに、どの選手をどう使えば最も勝つ確率が高いのかを冷静に考えられる監督が優秀な監督といえるでしょう。

「このオーダーでいって負けたら仕方ない」という言い回しをよく耳にしますが、監督が最初から言い訳しているように聞こえるので、私は好きにはなれません。勝つためのオーダーではなく、監督自身が自分で納得したいだけでは、と正直感じてしまうからです。

ものすごく頑張っている選手や調子の良い選手がいると、「こいつで負けたら仕方ない」といって、ついつい最後の大事な試合でも使ってしまいます。でも重要なのは調子の良し悪しではなくて（もちろんそれも大切でしょうが）、勝てる組み合わせかどうかです。監督はそこをしっかりと見極めなければなりません。

本当に強い選手とは、ここ一番で力を出すことができる選手をいいます。普通のプレッシャーのない場面で調子が良くても、大事な時に力が出せないのは並の選手。私の経験上、勢いや調子で選ぶのはすごく危険で、そんな選手が大事な場面で力を発揮できず……という場面を何度も見てきました。

観戦する側としては「なんであの選手使わないの？ 好調なのに」と思うケースがあるかもしれませんが、それは監督が冷静に考えて勝てるオーダーをセレクトした結果なのだととらえてください。そもそも、一般のファンが「この選手を使うべき」と考えている時点で、それは相手チームからすれば、想定内のオーダー。相手の読みを外すという意味でも、良い起用とはいえません。

読みを外すオーダーといえば、ここ最近で驚いたのは、Tリーグのセカンドシーズン、男子の「琉球アスティーダ対T.T彩たま」の一戦です。今シーズン両チームは激しい2位争いを繰り広げており、最後の直接対決で勝ったチームが、プレーオフファイナルに進出できるというまさに大一番。会場には両チームのサポーターが集結し、シーズンの中でも一番の盛り上がりを見せた名勝負となりました。

さてそんな大事な一戦で、琉球は意外なオーダーを見せます。世界レベルの実力を誇る海外の選手ではなく、日本の有延大夢選手を起用したのです。相手の彩たまも、さすがにこのオーダーは予想できていませんでした。

もちろん有延選手は実力ある選手ですが、日本代表の経験はなく、世界ランクも最高で229位とTリーグのレベルを考えると高くはありません。球威はかなりなもので、当たり出したら止まらない魅力がありますが、一方で好不調の波がある、そんな印象の選手です。この直接対決では起用されないだろう、というのが大方の予想でした。

試合は第1試合と第2試合を彩たまが勝利し、琉球はあと1試合落としたら負けというところで、第3試合に有延選手が登場。相手は格上のイングランドのエースだったのですが、神がかったプレーを連発して勝利。琉球のベンチ、そして応援団はまさに大興奮。これで勢いに乗った琉球は第4、第5試合も制して、逆転でプレーオフ進出を決めました。

相手の裏をかくオーダー、そして見事すぎる逆転劇には私も驚かされましたし、ここぞという場面で監督の期待に応えた有延選手のハートの強さにも感服しました。

交互に打たねばならないダブルス「右利き&左利き」が有利なワケとは

2対2で戦う「ダブルス」も非常に面白い種目です。卓球のダブルスは、テニスやバドミントンとは違い、同じ選手が2回連続で打球してはいけないのが特徴。常に2人の選手が交互に打球しなければなりませんので、コンビネーションがより一層重要になるのですが、ここでポイントとなるのが利き腕のペアリングなのです。結論からいうと卓球では右利き同士のペア（以後「右右ペア」）よりも、右利き&左利きペア（「右左ペア」）の方がかなり有利といわれています。

パートナーと交互に打球するダブルスでは、打球後にパートナーが打球するためのスペースを確保しなければいけません。つまり打ったらすぐにパートナーの邪魔にならないところに避難し、さらに次に自分が打ちやすい位置まで戻る必要があります。

特に右右ペアの場合は、2人の基本の立ち位置やプレーエリアが重なりやすいので、この「打って、逃げて、戻って、打って」の一連のフットワークを、よりスピーディーにしないといけません。時には大きく迂回しながら戻ったり、打球する直前にパートナーが自分の前を横切ったり、打球しようとしてパートナーとぶつかりそうになったりとなかなか大変です（図25）。

一方、右左ペアは状況が少し異なります。卓球はフォアハンドでの打球が軸となるため、選手は自分にとってのバックサイドに寄って構えます。右利きの選手はコートの左側に陣取り、左利きの選手はコートの右側に陣取るのですが、このように右左ペアはプレーエリアが大きく重なりません。「打球したら自分の基本の位置に戻る」を繰り返せば、パートナーと動きが交差したり、ぶつかったりすることはかなり少なく、動きやすさでは右右ペアよりも圧倒的に有利です（図26）。

右右ペアでも左右に分かれて陣取れば良いのでは？　と思うかもしれませんが、右利きがコートの右側に陣取ったらほとんどをバックハンドで打球しなければならず、そのデメリットが大きすぎて機能しません。

実際に右右ペアと右左ペアの成績を比べても顕著な違いがあり、過去10年間の全日本選手権のダブルス種目（男子ダブルス、女子ダブルス、混合ダブルス）の優勝ペア

図25：右利き同士のスペース確保の動き

打球した後、パートナーの邪魔にならないようすぐにサイドに避けなければならない。後ろに立つパートナーとしては視界をさえぎられることもあり、相手が見づらい

図26：左右ペアのスペース確保の動き

基本的に右利きが左側、左利きが右側にポジショニング。動きやすく、視界の邪魔になることも少ない

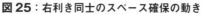

を見てみると計30ペア（同一ペア含む）のうち、実に27回が右左ペアで、右右ペアの優勝は3回しかありません。

ダブルスのコンビネーションを高めるには、パートナーの良さを引き出す意識も重要です。自分勝手にプレーしていたら、当然ながら良いコンビネーションは作れませんので、どうすれば自分の次に打つパートナーが待ちやすくなり、十分な体勢で打球できるのか。そして得点につながるのか。交互に打たなければならないからこそ、パートナーへの配慮が欠かせないのが卓球のダブルスです。

パートナーがネットプレー（台上でのプレー）を苦手とするのに、自分が短いサービスばかり出していたら良い展開にはなりにくいでしょう。大きいラリーになるようサービスでの工夫が求められます。パートナーがフォアハンドよりもバックハンドを得意とするならば、パートナーのバックサイドにボールが集まるよう、その対角線（クロス）である相手のバックサイドを自分は狙います。

もちろんパートナーの良さを引き出すプレーが相手ペアにとって打ちやすいプレーになってしまっては意味がないので、相手を崩すことも常に意識しながら、プレーを選択していく必要があります。

日本卓球界の悲願 2018年に誕生した「Tリーグ」

2018年に〝世界最高峰の卓球リーグ〟を目指して日本でスタートしたのが「Tリーグ」です。水谷隼選手や石川佳純選手といった日本を代表するトップ選手はもちろん、海外の有名選手も多数参戦し、ハイレベルな戦いを繰り広げるトップリーグとなっています。

設立のきっかけは2008年北京オリンピックです。少しずつ日本の卓球が復調し始めていた時期で、オリンピック前の2008年世界選手権（団体戦）では男女ともに銅メダルを獲得。北京オリンピックでもメダルが期待されていましたが、結果は男子5位（メンバー：水谷隼、岸川聖也、韓陽）、女子4位（メンバー：福原愛、平野早矢香、福岡春菜）で残念ながらメダルには届きませんでした。

「このままでは4年後もメダル獲得は難しい」という意見もあり、オリンピック後に当時の日本卓球協会会長の大林剛郎さんが「日本がオリンピック、世界でメダルを取り続けるためにはやっぱりプロ的なリーグ、チームが必要ではないか」と提案しました。それまでの日本は、日本卓球リーグという実業団リーグはありましたが、ほとんどの選手は一般の社員と同じように会社で働き、就業後に練習するというものでプロ的な選手は少なかったのです。

私自身、いくつか海外のプロリーグに参戦する中で、日本にもプロリーグができたら良いとずっと思っていたのもあり、この新リーグ設立のプロジェクトを私が中心となって進めることになりました。2010年のことでした。そこから新リーグをどうすれば作ることができるのかという検討がなされ、紆余曲折がありましたが、2016年末に日本卓球協会で新リーグ設立が正式に承認。翌年に一般社団法人Tリーグが作られ、本格的な準備が始まることになります。

本来ならば開幕まで3年程度の準備期間を設けるのがベストでしたが、そうなると2020年東京五輪の年に開幕となり、参戦する選手の負担になる恐れがあると考え、開幕を2018年10月に前倒しすることになりました。チーム集め、スポンサー集めなどを1年半という短い期間ですべて行わなければならず、苦労はしましたが、北京オリンピックから10年を経て、念願のTリーグを開幕させることができたのです。

Tリーグは3つの理念を持って運営されています。1つ目は「世界ナンバーワンの卓球リーグを作る」。2つ目は「卓球のビジネス価値を高める」。3つ目は「卓球を通じて人生を豊かにする」。

お陰様で様々な国のトップ選手が集まり、自信を持って「世界一」ということができるリーグとしてスタートできました。また多くのスポンサーにも協力してもらっており、卓球のビジネス価値も高まってきている実感はあります。

Tリーグを立ち上げる前は「卓球は〝やるスポーツ〟だから、見る人はいないのでは」という否定的な意見もありました。しかし、まだまだ歴史は浅いですが、積み重ねていけば、みんなが盛り上がれるリーグが作れると実際にやってみて確信しています。事業として落ち着くまでは大体10年くらいかかるといわれていますし、じっくりと積み重ねて、世界一のリーグに育っていけたら良いと思っています。

Tリーグは、世界一ハイレベルなゲームがコートのすぐ横で見られる

新型コロナウイルス感染症の影響で試合が延期になっておりますが、2020年に3シーズン目を迎えました。チーム数は開幕当初から男女各4チームで、ホーム&アウェイ方式で団体戦を行います。1番がダブルス、2〜4番はシングルスのいわゆる「4単1複」の形式。試合が盛り上がるよう、「最終ゲームは6−6からスタート」「最後の5番（ビクトリーマッチ）は1ゲーム制」など独自のルールがあります。

また常にハイレベルな対戦が見られるよう、「世界ランク上位の選手が何試合以上出なければならない」など、チーム構成や選手の出場に関しても規定を設けています。北海道から沖縄まで全国各地で試合が行われ、試合数は男女計84試合。リーグ戦の1位と2位のチームがプレーオフファイナルに進出し、両チームが優勝決定戦を行い、年間王者が決まります。

そんなTリーグの一番の魅力は「世界一」といえるレベルの高さでしょう。錚々たるメンバーがおり、日本代表の水谷隼選手、張本智和選手、丹羽孝希選手、石川佳純選手、平野美宇選手、早田ひな選手、そして海外の代表選手など、世界ランキング50位以上の選手の多くがこのリーグに参戦しています。

そして、そのようなレベルの高い選手の試合を生で見られるのです。Tリーグがスタートする前、世界レベルのプレーを国内で観戦する機会はほとんどなく、国際大会だと年一回開催されるワールドツアー・ジャパンオープンだけでした。Tリーグが全国各地で行われるようになったことで、世界レベルの試合を見る機会はかなり増えました。

さらに、ハイレベルなゲームを目の前で観戦できるのがTリーグのすごいところで、一番近いところだとコートのすぐ横に席があり、迫力、臨場感は相当なものです。

多くの人に楽しんでもらうため、試合の見せ方にも気を使っています。卓球台は一台のみにして、照明なども工夫し、様々な演出によって、見やすく、盛り上がれるようにしました。卓球を知らない人に「卓球って面白い！」といってもらえるようなリーグにすることが目標です。

私は現役時代にスウェーデン、ドイツ、フランス、中国と4ヶ国のリーグでプレーしているので、その経験も活かしていますし、日本国内で他のスポーツもたくさん勉強しました。野球、サッカー、バスケットボール、バレーボール、ハンドボール。中でもバスケットボールは、規模や観客と選手の距離感などが似ているのですごく参考になりました。

Tリーグでは、試合が終わって退場する時に多くの選手がファンサービスをしてくれるので、タイミングが良ければ選手のサインをもらうことも可能です。ただし、2階席の人は1階のフロア席に降りられないので、サインが欲しい人は1階席のチケットを購入してください。そして色紙&マジックもお忘れなく（新型コロナウイルス感染症の影響により、当面の間はリモートマッチになります）。

2シーズンを経て、各チーム、選手に熱狂的なファン、応援団もついてくれ、さらなる盛り上がりを見せています。卓球を知っている人はもちろんですが、卓球を知らない人でも楽しめますので、本書で卓球に興味を持ってくれた人はぜひ会場に足を運んでみてください。

今後はチーム数を増やし、いずれは地域クラブも所属できる大きなリーグに

Tリーグがスタートし、卓球人気もさらに加速しているように感じています。メディアへの露出も増えていますし、スポーツ番組でTリーグの結果を扱ってくれることもあります。ヤフーのトップニュースに卓球の話題が取り上げられることも珍しくなくなってきました。少し前でしたら、注目してもらえるのは福原愛さんだけでしたし、もっと昔に遡ると誰も卓球のニュースを話題にしてくれなかったので、本当に大きく変わったと思います。

昔は卓球を観戦する人は実際にプレーしている人だけでしたが、各チームが地域と密着して盛り上げ、たくさんの人を巻き込んでくれているので、卓球をやっていない人が観戦を楽しみ、卓球に興味を持つようになってくれたことも嬉しく思います。

あとはTリーグの存在意義として、選手のセカンドキャリアを作り出している側面

もあります。今までは、引退後に自分の経験を活かせる場所は多くなかったのですが、Tリーグがあることでチームの監督やコーチになったり、事務などの裏方の仕事に就くこともできます。セカンドキャリアの選択肢を増やすことができたことも、大きな意味があると感じています。

Tリーグの今後の展望、目標としては、まずはチーム数の増加があげられます。現在は男女各4チームなので、できるだけ早く6チーム、8チームと増やせると良いでしょう。

あとは長期的なところだと、T1、T2というようにピラミッド式にリーグを設けていき、最終的には地域のクラブが下部リーグに所属するという形にしていけたらと思っています。800万から1000万人といわれるすべての愛好者の方々にTリーグに入ってもらう。これは20年、30年かかる構想ですが、いずれはそのようなリーグになっていくのが、設立当初からの願いです。

私自身は2020年7月でTリーグのチェアマンという立場は離れましたが、今後も違う形で関わり、さらなる発展に努めたいと思っています。

第2章
日本選手と戦型

卓球独自の「戦型」を解説

卓球の大きな魅力の一つに選手のプレースタイルの違いがあります。卓球用語では「戦型（せんけい／せんがた）」と呼ばれるもので、これも観戦するうえでぜひ知っておきたい要素です。

例えば卓球選手のプロフィールには、生年月日や出身地だけでなく、「戦型」の欄として次のような文言が入っているのをご存知でしょうか？（参考／テレビ東京ホームページより）

・左シェーク両面裏ソフトドライブ型（石川佳純）
・右シェークフォア裏ソフト・バック表ソフト前陣速攻型（伊藤美誠）
・右シェークフォア裏ソフト・バック粒高カット型（佐藤瞳）
・左ペン両面裏ソフトドライブ型（許昕《きょきん》／中国）

卓球をあまり知らない人が見ると、まるで暗号のように見えるかもしれませんので、詳しく解説していきます。

最初の「右」「左」とは利き腕のことです。野球のピッチャーでも「右投げ・左投げ」という言葉があるように、卓球でも利き腕がどちらかは重要な情報になるのでプロフィールにも書いてあります。

「シェーク」「ペン」は使用するラケットの種類です。すでに解説したシェークハンドラケット、ペンホルダーラケットのどちらを使っているかを表しています。

その次は使用するラバーです。ほとんどの選手はラケットの両面にラバーを貼っており、フォア面（フォア側を打つ時に使用する面）とバック面（バック側を打つ時に使用する面）のそれぞれにどのタイプのラバーが貼っているのかがわかるようになっています。「裏ソフト」「表ソフト」「粒高」の3つがほとんどで、ごく稀に「アンチ」という見た目は裏ソフトなのに、表面がツルツルで回転がかからないラバーを貼る選手もいます。最近は少なくなりましたが、片面のみにラバーを貼るペンの選手もいて、その場合はラバーは一つだけの表記となります。

このように選手の基本情報として、使用する用具のタイプまで書かれているあたり、いかにラケット&ラバーが重要なのかがわかっていただけるかと思います。

そして最後に書かれているのが、どんなプレースタイルなのかを表す部分、つまり戦型です。ここからは代表的なタイプを解説していきましょう。

世界で最もスタンダードなのが「ドライブ型」です。ドライブという強い上回転をかける攻撃技術をメインに戦うプレースタイルで、基本的には両面に裏ソフトラバーを貼る攻撃選手＝ドライブ型と表記されることがほとんどです。

「前陣速攻型」というのは卓球台の近く（前陣）で戦い、速攻プレーで得点を狙うスタイルです。この戦型は裏ソフトと表ソフトというように、異なるタイプのラバーを貼ることが多いため、「異質速攻型」「異質型」といわれることもあります。女子選手ではバック面に表ソフトを貼る選手が多く、伊藤美誠選手や福原愛さんもその一人です。

異質型としては「前陣攻守型」というバック面の粒高での変化プレーを軸に戦うタイプがあります。北京オリンピックの日本代表、福岡春菜さんはこのタイプです。

そして、最も特徴的なプレースタイルが「カット型」です。「カット」という台から離れた位置で返球するテクニックを主軸に戦う守備的なスタイルで、フォア面に裏ソフト、バック面に表ソフトや粒高を貼る異質タイプが多いのが特徴です。

このようにプレースタイルや用具は選手によって異なるので、あらかじめその情報を知っておくことがプレーヤーにとっては大切です。選手によって「カット型が得意」とか「粒高は嫌い」などの得手不得手があるので、対戦相手がどんなタイプかを知っておき、対策を練っておくわけです。

トップ選手だけですと戦型の種類は限られますが、草の根プレーヤーになるともっと色々なタイプがいます。使用する用具だけ聞けば概ねの戦型が予測できるので、例えば「ペン粒」と聞けば「ペンで粒高をメインに使う守備&変化タイプ」とわかりますし、「フォア表」と聞けば「フォア面が表ソフトのシェークで、フォアスマッシュが得意だろう」と予測できます。

余談ですが、日本の有望な若手に小塩悠菜（石田卓球N＋）という選手がいます。彼女は、試合の中でラケットの握り方を変えて、ペンの表ソフト前陣速攻型とシェークのカット型をスイッチする世界でも例のない二刀流プレーヤーです。この選手のプロフィールには2つの戦型を書く必要がありそうですが、初めて見た人はきっとびっくりするのではないでしょうか。

現代卓球の王道、ドライブ型
前陣型の張本&丹羽、中・後陣型の水谷

それぞれの戦型の特徴や戦術について、さらに深掘りしていきましょう。

まずは、スタンダードタイプのドライブ型です。得点力と安定性を兼ね備えたドライブ攻撃を主軸に戦う攻めのスタイルで、攻守においてバランスが良く、世界的に見ても上位選手のほとんどがこの戦型です。ただし、ドライブ型といっても選手によって得意とする技術、戦い方は異なり、プレースタイルは様々です。

タイプを分析するにあたって、いくつかのポイントがあります。一つは、台の近く、つまり前陣でプレーするタイプか、離れて中・後陣でプレーするタイプかというプレー領域の違い。これは攻めの速さにも関連しており、前陣で戦う選手は比較的自分から攻めていく速攻タイプが多くなり、中・後陣で戦う選手はラリーで粘ったり、パワーで勝負するタイプになる傾向があります。

またフォアハンド主戦タイプなのか、バックハンドも使う両ハンドタイプなのかによってもスタイルは変わります（バックハンド主戦タイプという選手は基本いません）。

以上のポイントで日本を代表するドライブ型の選手を分類してみましょう。

張本智和選手は前陣の両ハンドタイプです。台の真ん中に立って、バック側のボールは基本的にバックハンドで打球します。打球点の速いプレーを得意とし、台上プレー、特にチキータが大きな武器になっています。中・後陣に下がって大きいラリーをすることはほとんどなく、前陣を死守してタイミングの速さで相手を左右に振り回します。彼のような前陣両ハンド型はドライブ型の最先端ともいえるスタイルです。

同じ前陣タイプでも丹羽孝希選手は少し違います。張本選手ほどバックハンドは使わず、バックサイドに回り込んでフォアドライブで狙うプレーが武器です。また丹羽選手は生粋の速攻タイプで、じっくりラリーをつなげることもありません。

一方、前陣タイプの2人と一線を画すのが水谷隼選手です。水谷選手は台から距離をとって、中・後陣での安定したラリーを得意とします。またバックハンドよりもフォアハンドが武器なので、どちらかというとフォアハンド主戦タイプといえるでしょう。

水谷選手のように、攻撃も守備もあらゆる技術を高いレベルで使いこなせるタイプは「オールラウンド型」と呼ばれることもあります。対応力が非常に高く、穴がないので、他の選手に比べて試合での取りこぼしが少ない水谷選手ですが、これも安定性重視のプレースタイルだからこそといえます。

中国選手も多くがドライブ型ですが、スタイルとしては前陣両ハンドタイプで、圧倒的な攻撃力が特徴です。台の近さ、打球点の速さでは張本選手の方が際立っていますが、中国選手も基本的には台から下がらず、前陣で常に先手をとって強打を仕掛けてきます。一方でヨーロッパ選手は、台から距離をとって両ハンドで戦うタイプが多いです。体も大きく、パワーがあるので、ドライブ対ドライブの大きな打撃戦を得意としています。

プレースタイルによって、基本となるサービスや戦術も変わってきます。例えば、水谷選手はサービスでそれほど複雑な回転はかけません。サービスを複雑にするとレシーブにも予想外の変化がついてしまうので、自分にもリスクが出てくるからです。どちらかというと確実性を重視する水谷選手の場合は、シンプルなサービスを出し、相手のレシーブを単純化させることで、自分の狙いどおりのラリー展開に持っていくのです。水谷選手のようなタイプは台から下がってのラリーを得意とする反面、台上での攻めに関してはそれほどの厳しさはありません。相手に攻めさせない技術は優れていますが、自分から点を取りにいくプレーは少なく、相手の甘い返球を待つのが基本。そのため台上が巧い中国選手には先手を奪われ、苦しい展開になりやすい側面もあります。

逆にヨーロッパ選手のようなラリー戦を好むタイプや、攻撃に厳しさがないタイプに水谷選手は滅法強いです。自分の土俵で戦ったら、水谷選手を上回れる選手はそういないですし、粘り強さでも、コース取りの巧さでも水谷選手に軍配が上がります。

比較的少ないリスクで戦う水谷選手に対して、リスクの高いプレーをするのが丹羽選手です。速攻戦術でなるべく自分から攻めて、相手に攻められた時にはブロックで丁寧に返すのではなくカウンターで狙っていく。台から距離をとっても分が悪いので、多少のミスは覚悟のうえで短期決戦を仕掛けるプレースタイルです。サービスも積極的に回転の変化をつけるので、サービスエースも多く見られますし、レシーブもチキータを多用して攻めていきます。同じドライブ型ではありますが、水谷選手と丹羽選手のプレースタイルはかなり両極端といえるかもしれません。

女子選手の場合は前陣の両ハンドタイプがかなり多くなります。男子に比べると速く大きく動けないので、後ろに下がり、コート全面をフォアハンドでカバーするようなプレーは難しいからです。日本選手でいえば、石川佳純選手や平野美宇選手は前陣タイプです。その中でもフォアドライブを得意とし、回り込みもよく使う石川選手、スピードのあるバックハンドを得意とする両ハンドタイプの平野選手というように、両選手にもスタイルの違いがあります。

その一方で、早田ひな選手は女子では珍しい、台から距離をとってパワーで戦えるスタイルです。女子選手の中では身長もありますし、彼女だからできる戦い方といえるでしょう。

伊藤美誠の強烈バックハンドの秘密とは？スピード&変化が武器の異質型

片面に性質の異なるラバーを貼り合わせる「異質型」。その代表例が「バック表」といわれる、フォア面に裏ソフトラバー、バック面に表ソフトラバーを貼るスタイルで、日本女子のエース、伊藤美誠選手がこのタイプに属します。

表ソフトを使う選手の武器はスピードです。こすって回転をかけるのではなく、強く弾き打つ「ミート打法」に適しているのが表ソフトであり、裏ソフトよりも回転がかからない分、速い打球点でボールをとらえ、スピードのある攻めで得点を狙います。また表ソフトの打球は、裏ソフトとは回転の質が異なり、無回転のナックルボールが出しやすいので、それを利用することで相手のミスを誘うこともできます。

そんな異質型ですが、使うラバーの性質によってプレーは変わります。例えば伊藤選手は攻撃がやりやすい表ソフトラバーを貼っているので、自分から積極的に点を取りにいく攻めのバックハンドが多く見られます。一方、福原愛さんもバック面が表ソフトの異質型ですが、彼女が使っていたラバーはスピードよりも変化重視なので、プレー自体も相手のミスを誘うプレーが多く、バックでチャンスメークをしてフォアハンドで攻めるのが基本のパターンです。

バック面を表ソフトではなく粒高ラバーに変えると、より変化の度合いは高まります。北京オリンピック日本代表の福岡春菜さんは、フォア面裏ソフト・バック面粒高のいわゆる「前陣攻守」というスタイルで、ラバーの性質上バックでは速いボールはほとんど打てませんが、大きな回転の変化を武器に世界で活躍した選手です。

異質型は、基本的には小柄な女子選手、パワーのない選手に多い傾向があります。やはり力で勝負する場合は裏ソフトの方が有利なので、パワー不足をラバーの性質で補っているのです。男子のトップクラスになると、回転の弱い表ソフトやスピードの出ない粒高ラバーは独特の球質を武器にしても、結局は裏ソフトの回転力とパワーで打ち消されてしまうので、異質型はほとんどいません。ラリーをつなげてくれる相手には特徴が出せますが、一発で打ち抜いてくるような相手には分が悪いのです。

ラリーが続き、最も盛り上げる戦型 粘り強さが魅力のカットマンに注目

観ていて最も面白いプレースタイルといえばカット型でしょう。私自身がカット型なので少々手前味噌の感はありますが、その魅力について紹介します。

カット型とはカットを主戦に戦うスタイルで、そういう選手のことを「カットマン」とも呼びます。カットというのは、相手のドライブなどの上回転のボールに対して、上から下にラケットを振り下ろして下回転をかけて返球するテクニックです。基本的には相手の攻撃的な打球に対して使う技術なので、スピードに対応できるよう台から距離をとって戦います。とにかく相手の攻撃を拾って、拾って、拾い続けて、相手のミスを誘って得点する「粘り強さ&我慢強さ」が必要なスタイルです。

カット型のラリーは長く続きやすいので、そういう意味で観戦向きのスタイルともいえるでしょう。粘って、粘って、相手の攻撃をしのいで、チャンスを作ったらすか

さず前に出てスマッシュ。守備と攻撃の融合がカットマンの魅力で、そのプレーは非常に華があり、カットマンの試合は他のどの戦型よりも盛り上がります。ただし、カット型対カット型の対戦になると、お互いにツッツキでつなげるだけになってしまい、かなり地味なラリーになってしまいます……。

そんなカット型も、カットで粘り強く戦うタイプ、ドライブやスマッシュも積極的に使う攻撃的なタイプの大きく2つに分けることができます。

粘るタイプは、自分からはあまり攻めないで、相手の攻撃をカットで拾って、ミスを誘うプレーを得点源とします。基本的には女子選手に多いのですが、私自身もどちらかというとこのタイプでした。

攻撃タイプのカット型、特に男子選手の場合は、フォア側のボールに対してはカットせず、ドライブで返球するスタイルが多くなります。サービスからの3球目攻撃も攻撃型と同じように狙っていき、「甘いボールは攻めるぞ」と相手にプレッシャーを与えることでカットのラリー展開を有利にするのです。近年は用具も進化し、相手のドライブ攻撃がより厳しくなっているので、粘るだけのカット型はなかなか勝てません。守備一辺倒にならず、攻めのプレーを織り交ぜることが現代卓球のカット型には求められています。

世界のトップレベルになると守りのスタイルよりも攻めのスタイルの方が勝ちやすいのが現実で、現在世界のトップ20の中には、男女合わせても1名しかカット型はいません。実はその一人が、日本の佐藤瞳選手（ミキハウス）。彼女は日本選手では世界ランク4番目、まさしく世界最強のカットマン。中国選手にも非常に強く、リオ五輪女王の丁寧《ていねい》選手（中国）からも勝利をあげています。

カットは回転が命。切る、切らないでミスを誘う

そもそもカット型は守備的テクニックのカットを使ってどのように得点しているのでしょうか。ここで最も重要になるのが回転の変化です。カットは下回転をかけて返球するテクニックですが、その時に切る（強く回転をかける）カットと切らないカット（ナックルカット）を混ぜることがポイントとなります。

強い下回転に対してはしっかりこすり上げないとネットミスになるので、ドライブ

で打ち返す相手としてはかなり上方向にスイングしなければなりません。その中で不意に無回転のナックルカットが来て、同じスイングで打球してしまうとボールはネットのはるか上を越えてオーバーミスとなるのです。切るカットと切らないカットを同じスイングで使い分けることができれば、相手はまともにドライブで打ち返すことができず、カットが大きな武器となるのです。

カット型は、バック面に表ソフトや粒高ラバーを貼る異質タイプのラケットを使う選手が主流で、両面裏ソフトのカット型はあまりいません。バック面に裏ソフトを貼ると強い上回転のドライブをカットで押さえ込むことが難しく、相手の回転に負けて、変化がつけにくいからです。表ソフトや粒高の方がカットは安定しますし、フォア面とバック面でラバーを変えた方が、回転の違いで相手のミスを誘えるというメリットもあります。

加えてカットで重要なのがコース取りです。カットの返球が相手コートの中央に集まってしまうと、好き勝手攻められてしまうので、両サイドギリギリを狙い、相手を左右に動かしてから打たせることがカットでは大切です。また台の中央に落ちるような長さの浅いボールは強打されやすいので、台の端（エンドライン側）、コートの深いところを狙うことが基本となります。

このようにして、回転、コース、深さをうまくコントロールできると、相手も強いドライブは打てないので、カットマンに有利なラリー展開になるというわけです。

逆にカット型にとって苦しいのは、相手がドライブで変化をつけてくるケースです。スピードのあるドライブと、浅くゆっくり飛ぶループドライブを混ぜたり、ドライブでミスなくつないで、カットが少しでも甘くなったらスマッシュで攻めたり、いろいろなコースにドライブを打たれるような展開をカット型は嫌がります。ある程度的を絞ることができるからこそ、相手の強いドライブにも対応できるのであって、読めなくなるとカット型としてはさすがに粘り切るのは難しくなります。

私自身もいろいろなタイプと対戦してきましたが、何をしてくるか予測できない選手を相手にするのは大変でした。特にヨーロッパの選手に多いのですが、こちらとしてはベストのカットができて、「これは攻めてこないだろう」というボールを攻めてきたり、逆にカットが甘く入ってしまったので次の強打に備えて構えていたのに、攻めずにストップをしてくるとか、逆のことをしてくる選手を相手にするのは本当に嫌なものです。

黄金期からの低迷。そして近年のV字回復日本の卓球はなぜ強くなったのか?

東京オリンピックではメダル獲得が期待できる競技として男女ともに注目されている卓球。オリンピックでのメダルは２０１２年ロンドンオリンピックでの女子団体銀メダルが初ですが、それまではなかなかメダルに届かない、低迷期ともいえる時代がありました。さらに遡ると、１９５０〜60年代は日本卓球界の黄金期だったことを皆さんはご存知でしょうか。強かった日本がなぜ衰退し、そして近年再び強い国に戻ってきたのか。現在の選手のことを紹介する前に、少しだけ日本卓球界の歴史を知っていただきたいと思います。

卓球が誕生したのは19世紀のイギリス。中国発祥と思っている人もいるようですが、テニスが流行したイギリスで、雨の日に部屋の中でテーブルを使ってテニスを楽しんだのが誕生のきっかけといわれています。

諸説ありますが卓球が日本に伝わったのは１９０２年で、徐々に日本中に卓球というスポーツが伝わっていきます。そこから50年経って、１９５２年に初めて世界選手権に出場すると、日本チームはいきなり4種目（男子シングルス、男子ダブルス、女子ダブルス、女子団体）で優勝を果たし、瞬く間に世界のトップへと躍り出ます。

１９７０年代まで強豪国として活躍した日本は、世界選手権のシングルスでは13人もの世界チャンピオンを輩出しています。

しかし、１９８０年代からは少しずつ他国に押されるようになり、１９７９年世界選手権男子シングルスで小野誠治さんが金メダルを獲得してからは、日本勢はシングルスのメダルから遠ざかっていました。２０１７年大会で平野美宇選手が女子シングルスで銅メダルを獲得した時は「日本勢38年ぶりの快挙」として大きな話題になりました。

なぜ一時代を築いた日本は低迷期に突入してしまったのでしょうか。その理由の一つは、卓球が初めてオリンピック種目に選ばれた１９８８年のソウルオリンピックです。世界の卓球界の悲願だったオリンピックの参加が決まったことで、１９８０年代の中頃から各国の強化体勢が一気に変化を遂げました。フルタイムで練習できる環境、フルタイムで指導するコーチ。選手たちの環境が著しく良くなり、その結果中堅国が軒並み成長していきます。

もちろん日本も「初のオリンピックでメダルを」と準備はしていましたが、当時の日本卓球界は実業団の選手が中心。朝から定時まで社会人として働き、就業後に3時間程度練習をする生活が、日本代表レベルでも当たり前だったのです。プロ選手として24時間卓球のことを考え、毎日練習する他国の選手と比較すれば、日本選手の練習は決して十分とはいえず、少しずつその差は縮まっていきます。

練習時間や環境だけでなく、選手としての意識の違いもありました。日本の選手は、卓球だけで食べているわけではなく、卓球がなくなっても仕事があるという気持ちでプレーしていましたが、他国の選手は卓球がなくなったら生活できないので、結果を出すことに対して必死です。練習時間や意気込み、様々な積み重ねが蓄積し、追いつかれ、そして追い抜かれていき、日本は世界のトップから陥落していきました。

早い段階で日本も危機的状況に気づき、変革できたら良かったのですが、かつて世界を席巻した強豪国としてのプライドもあってなのか、自分たちのやり方が正しいと思い込んでしまい、強化の体勢が変わることはありませんでした。

また技術的な問題もあります。当時の日本はフォアハンド主戦が基本で、とにかくフットワークを使って、コート全面をフォアでカバーする「オールフォア」の時代。ひと昔前まではそのスタイルで勝てていたのですが、バックハンドも使う両ハンド全盛の現代卓球から次第に取り残されていきます。「日本の選手はバックが弱いから、バックに攻めれば勝てる」といわれ、実際に世界では勝てなくなっていきます。

ならば日本もバックを強化すれば良かったのでは、と現代の人は思うかもしれませんが、「フットワークが足りないから勝てないのだ！」と古臭いスタイルから脱却できず、日本の地位はどんどん落ちていきます。常に世界のトップ3を維持していた日本でしたが、少しずつ成績は落ち込んでいき、1991年大会では男子が13位のワースト記録を更新。2000年大会で銅メダルは獲得したものの、地元大阪で開催された2001年大会も13位という結果に終わりました。

さすがにこれではダメだという空気になり、2000年代に入ってから少しずつ風向きが変わっていきます。転換の大きなきっかけとなったのが、2002年からスタートした男子の若手選手のドイツ留学です。翌年の2003年からは当時中学2年生だった水谷選手もドイツに渡っていきます。強豪国ドイツで、世界的なコーチの下、世界最先端の技術、プレースタイルを学び、水谷選手を筆頭に世界の舞台で戦える男子選手たちが育っていきました。

一方、女子の場合は、福原愛さんの存在がかなり大きかったです。福原さんが活躍したことでメディアにも大きく取り上げられ、「愛ちゃんのようになりたい」と卓球を始める子どもたちが全国に増えました。彼女の影響で卓球を開始する年齢も下がり、私の時代はたとえトップ選手でも中学から始めた人が多かったのですが、近年は小学校の低学年や幼稚園からスタートしているケースがトップの選手ではほとんどです。

幼少期から質の高い指導を受けた選手たちが一気に増えて、全体的なレベルは上がりました。福原さん以後も、石川佳純選手や伊藤美誠選手らが頭角を現し、継続的に世界で勝てる選手を輩出できる国になってきています。

ドイツ留学を経て世界的な選手へ成長した水谷選手、幼少期から中国人コーチに指導されて育った福原さんらの例を見ると、やはり大事なのは環境だと改めて思います。もちろん本人たちの努力によるところも大きいですが、指導環境が整えば強い選手は育ちます。運よく才能のある選手が揃って、偶発的に強くなるのではなくて、環境が強い選手、強いチームを作る。全国で活躍する強豪クラブチームを見ると、コンスタントに強い選手を育てているし、良い環境と優秀な指導者が揃っているから強さを維持できています。

このような環境の変化が日本のV字回復の要因です。しかし、その一方でなぜ中国に勝てないのかといえば、それは世界一になれる環境ではないからでしょう。「日本は中国よりも良い環境です」と自信を持っていえる時が来たら、日本から世界チャンピオンが出てくるのだと思います。

表５：世界卓球団体男子歴代優勝国

開催回数	開催年	優勝国	開催回数	開催年	優勝国
第１回	1926年	ハンガリー	第28回	1965年	中国
第２回	1928年	ハンガリー	第29回	1967年	日本
第３回	1929年	ハンガリー	第30回	1969年	日本
第４回	1930年	ハンガリー	第31回	1971年	中国
第５回	1931年	ハンガリー	第32回	1973年	スウェーデン
第６回	1932年	チェコスロバキア	第33回	1975年	中国
第７回	1933年	ハンガリー	第34回	1977年	中国
第８回	1934年	ハンガリー	第35回	1979年	ハンガリー
第９回	1935年	ハンガリー	第36回	1981年	中国
第10回	1936年	オーストリア	第37回	1983年	中国
第11回	1937年	アメリカ	第38回	1985年	中国
第12回	1938年	ハンガリー	第39回	1987年	中国
第13回	1939年	チェコスロバキア	第40回	1989年	スウェーデン
第14回	1947年	チェコスロバキア	第41回	1991年	スウェーデン
第15回	1948年	チェコスロバキア	第42回	1993年	スウェーデン
第16回	1949年	ハンガリー	第43回	1995年	中国
第17回	1950年	チェコスロバキア	第44回	1997年	中国
第18回	1951年	チェコスロバキア	第45回	2000年	スウェーデン
第19回	1952年	ハンガリー	第46回	2001年	中国
第20回	1953年	イングランド	第47回	2004年	中国
第21回	1954年	日本	第48回	2006年	中国
第22回	1955年	日本	第49回	2008年	中国
第23回	1956年	日本	第50回	2010年	中国
第24回	1957年	日本	第51回	2012年	中国
第25回	1959年	日本	第52回	2014年	中国
第26回	1961年	中国	第53回	2016年	中国
第27回	1963年	中国	第54回	2018年	中国

表6：世界卓球団体女子歴代優勝国

開催回数	開催年	優勝国	開催回数	開催年	優勝国
第1回	1926年	なし	第28回	1965年	中国
第2回	1928年	なし	第29回	1967年	日本
第3回	1929年	なし	第30回	1969年	ソビエト連邦
第4回	1930年	なし	第31回	1971年	日本
第5回	1931年	なし	第32回	1973年	韓国
第6回	1932年	なし	第33回	1975年	中国
第7回	1933年	なし	第34回	1977年	中国
第8回	1934年	ドイツ	第35回	1979年	中国
第9回	1935年	チェコスロバキア	第36回	1981年	中国
第10回	1936年	チェコスロバキア	第37回	1983年	中国
第11回	1937年	アメリカ	第38回	1985年	中国
第12回	1938年	チェコスロバキア	第39回	1987年	中国
第13回	1939年	ドイツ	第40回	1989年	中国
第14回	1947年	イングランド	第41回	1991年	統一コリア
第15回	1948年	イングランド	第42回	1993年	中国
第16回	1949年	アメリカ	第43回	1995年	中国
第17回	1950年	ルーマニア	第44回	1997年	中国
第18回	1951年	ルーマニア	第45回	2000年	中国
第19回	1952年	日本	第46回	2001年	中国
第20回	1953年	ルーマニア	第47回	2004年	中国
第21回	1954年	日本	第48回	2006年	中国
第22回	1955年	ルーマニア	第49回	2008年	中国
第23回	1956年	ルーマニア	第50回	2010年	シンガポール
第24回	1957年	日本	第51回	2012年	中国
第25回	1959年	日本	第52回	2014年	中国
第26回	1961年	日本	第53回	2016年	中国
第27回	1963年	日本	第54回	2018年	中国

日本選手（女子）プレースタイルを解説

伊藤美誠

中国が最も警戒する、卓球界の「大魔王」

伊藤美誠（いとう・みま）
世界ランキング：2位（2020年4月発表）
生年月日：2000年10月21日
所属：スターツ
出身地：静岡県磐田市
出身校：昇陽高
戦型：右シェークフォア裏ソフトバック表ソフト前陣速攻型
主な戦績：平成29・30年度全日本選手権3冠王（女子シングルス、女子ダブルス、

混合ダブルス／2年連続は女子史上初）、令和元年全日本選手権2冠王（女子ダブルス、混合ダブルス）、15年世界選手権女子シングルスベスト8、16年リオオリンピック団体銅メダル

現在日本には、世界で活躍する選手がたくさんいます。ここからは東京オリンピックの代表が内定している男女6名の選手について紹介することにしましょう。まず1人目は女子のエース、伊藤美誠選手です。

伊藤選手は現在世界ランキング2位で名実ともに世界のトッププレーヤー。中国選手が最も警戒する選手であり、中国のメディアでは「大魔王」というあだ名がつけられるほどです。

彼女のプレーはすごくクリエイティブで、他の選手にはない特徴がたくさんあります。相手に的を絞らせない、予測させない意外性のあるプレーができ、なおかつ得点能力が高い。自分のスマッシュさえ入れば、中国選手にも世界チャンピオンにも勝てる、そういう武器を持っているのは大きな魅力です。サービス、レシーブも非常に多彩で、他の選手とは一線を画す強さがあると感じます。

メンタルの強さもずば抜けており、大舞台でも力を発揮できるし、自分で自分を鼓舞して立ち向かっていける、強い精神力を持っています。彼女の武器であるスマッシュはリスクがあるので、勇気が必要なのです。精神的に強くないと彼女のようにバチバチ打っていく攻撃的な卓球はできません。並の選手だったら精神的に追い込まれて守りに入り、自分の持ち味が出せずに負けるのですが、彼女は自分の卓球を貫き通すハートの強さがあります。

戦型は、フォア面裏ソフト・バック面表ソフトの前陣速攻型。フォア面とバック面で異なるラバーを貼る異質スタイルですが、この戦型は世界のトップレベルではあまりいません。球質の変化で相手のミスを誘うのですが、慣れられたらそれほど効果は出ないので、特に世界のトップにおいては異質であることの優位性は大きくありません。また表ソフトは自分から強い回転をかけることができないので、その弱点を突かれることもあります。

しかし、伊藤選手はこのスタイルで世界ランク2位まで上りつめ、中国を相手にしても勝つことができます。なぜかといえば、バックハンドのスピードが尋常ではないからです。ボールのスピードも打つタイミングも速いので、中国選手といえども対応しきれません。その速いバックハンドに対して台から距離をとってしのぐ作戦に出ると、今度はフォアハンドでの回り込みスマッシュが飛んでくる。伊藤選手に時間を与えたら、スマッシュ一撃で終わり。相手としてもこのプレッシャーはなかなかのものでしょう。

ちなみに卓球関係の集まりで会うことはよくありますが、コートの外でも試合と変わらない雰囲気で度胸が座っているし、良い意味でマイペース。それぐらいの精神状態でなければ中国には勝てません。彼女は中国選手を全く怖がっていませんし、自分のプレーができれば負けないという自信を持っています。

東京オリンピックでは団体戦、女子シングルス、混合ダブルスという日本選手では唯一の3種目エントリー。どの種目でも金メダルが狙える日本期待の星です。

石川佳純

3度目の五輪で、目指すはシングルス初メダル

石川佳純（いしかわ・かすみ）
世界ランキング：9位（2020年4月発表）
生年月日：1993年2月23日
所属：全農
出身地：山口県山口市
出身校：四天王寺高
戦型：左シェーク両面裏ソフトドライブ型
主な戦績：平成22・25〜27年度全日本選手権女子シングルス優勝（平成25年は女子ダブルスとの2冠、26年は女子ダブルス、混合ダブルスとの3冠）、17年世界選手権混合ダブルス優勝、12年ロンドンオリンピック団体銀メダル、女子シングルス4位、16年リオオリンピック団体銅メダル

東京オリンピックのシングルス2枠目の切符を平野美宇選手と争い、僅差で代表の座を勝ち取ったのが石川佳純選手です。オリンピックには2012年のロンドン大会から出場し、団体で2枚のメダルを獲得。世界選手権でも団体で5つのメダル、そして混合ダブルスでは17年のデュッセルドルフ大会で優勝を果たすなど（パートナーは吉村真晴選手）、10年以上に渡って日本を牽引する、女子チームの大黒柱です。

左シェークのドライブ型で、一つ一つの基本技術がしっかりしており、バランスの良さ、安定感の高さが武器です。どこにボールが来てもうまくさばくことができて、ミスが少なく、格下を相手に取りこぼすことが少ないという点は非常に優れています。またサービスからの3球目攻撃の決定力が高く、自分から攻める展開でも、ラリー戦でも強さを発揮できるスタイルです。

そんな石川選手ですが、試合を見ていて一生懸命さが伝わる、というのも大きな魅力でしょう。選手によってはやる気がないように見えてしまったり、劣勢の時に諦めが顔に出てしまう人もいますが、彼女はすごく必死で、窮地に立たされた時に「何とかしなきゃ」と懸命にもがいている感じがひしひしと伝わってきます。そういう姿に観戦する人たちは共感し、応援したくなるのだと思います。こういう部分はファンを増やす、注目してもらうという意味で、トップ選手に求められる大切なスキルの一つです。

また卓球に対してすごく真面目で、現状に満足せず、常に自分を変えようと努力しているのはとても立派ですし、他の選手の手本となる選手といえます。コートの外でも礼儀正しいし、話すこともしっかりしています。インタビューでも、一言一言しっかりと考えて、自分なりに一生懸命伝えようとする感じがあります。

オリンピックにはシングルスと団体の両方で活躍が期待されます。彼女のプレースタイルは、まさしく王道のドライブ型で強烈な特徴があるわけではないため、そういう面では中国には少し勝ちにくい部分はありますが、その分他国の選手には簡単に負けない安定感があるので、団体戦ではすごく頼りになる存在です。また平野選手と組むと思われる団体戦のダブルスにも注目です。

オリンピックでは団体で2つのメダルを取っていますが、シングルスのメダルがまだありませんのでそこは大きな目標でしょう。

平野美宇
悲願の五輪で吹き荒れるか、ハリケーン攻撃

平野美宇（ひらの・みう）
世界ランキング：11位（2020年4月発表）
生年月日：2000年4月14日
所属：日本生命
出身地：山梨県中央市
出身校：大原学園高（JOCエリートアカデミー）
戦型：右シェーク両面裏ソフトドライブ型
主な戦績：平成28年度全日本選手権女子シングルス優勝（史上最年少）、16年ワールドカップ女子シングルス優勝（中国選手以外では初／史上最年少）、17年アジア選手権優勝（日本人21年ぶり／史上最年少）、17年世界選手権女子シングルス銅メダル（女子では48年ぶり）

東京オリンピックで団体戦要員となる3人目の代表に選ばれたのが平野美宇選手です。前回のリオオリンピックではあと一歩のところで代表の座を逃し、リザーブとして現地で代表選手をサポートするという苦い経験を味わった彼女ですが、今回は代表権を獲得しました。

戦型は右シェークのドライブ型という王道ですが、平野選手には驚異的なスピードを誇る両ハンド攻撃という武器があります。そもそも卓球は台の近くでプレーすることに難しさがあります。速いタイミングで打つのでミスも出やすいし、相手の返球も速くなるため対応が苦しくなります。そういう競技性がある中で、あれだけ台に近い位置でドライブを連打できる選手は、世界を見渡してもなかなかいません。元々は、どちらかというと安定性重視のラリータイプだったのですが、リオオリンピックの代表を逃した後に、中国人コーチとともに現在の攻撃的なスタイルへとモデルチェンジを図り、努力の結果、見事花開かせたという点も特筆すべき点です。

自分の卓球がうまくはまった時は本当に強く、中国選手も追いつけません。2017年のアジア選手権では、当時の世界ランキング1位、2位、5位の中国選手を次々と破って優勝するなど、爆発力は相当なもの。あまりのスピードに海外では「ハリケーン・ヒラノ」と呼ばれているようです。

ただし性格的には少々ナイーブなところがあるからなのか、自分の卓球を貫けないところが少し見受けられます。勝ち負けにこだわりすぎてしまうがゆえに、プレーが大事になって、持ち味である高速両ハンドが影を潜めてしまうことが時々あります。そうなると彼女の良さがなくなり、格下の選手に負けることはなくても、大物食いは期待できません。

20歳になった平野選手は現在社会人3年目。結果を出さなければならないプロ選手になり、若い時よりも冒険しにくい面も確かにあります。真面目な性格がゆえに、気負うところはあるかと思いますが、勝っても負けても思い切ってプレーすれば良いと思いますし、そうすれば自ずと良い結果もついてくるでしょう。

団体戦のみの出場ですが、シングルス、ダブルスともに重要な役割を担っていますので、ぜひ自分らしいプレーを貫き、東京で〝ハリケーン〟を見せてほしいと願っています。

日本選手（男子）プレースタイルを解説

張本智和

驚異的進化を遂げる17歳、初五輪に挑む

張本智和（はりもと・ともかず）
世界ランキング：４位（２０２０年４月発表）
生年月日：２００３年６月27日
所属：木下グループ
出身地：宮城県仙台市
出身校：日本大学高在学（ＪＯＣエリートアカデミー）
戦型：右シェーク両面裏ソフトドライブ型
主な戦績：平成29年度全日本選手権男子シングルス優勝（史上最年少／ジュニア

男子シングルスとの2冠）、17年世界選手権男子シングルスベスト8（史上最年少）、18年ITTFワールドツアーグランドファイナル優勝（史上最年少）

男子選手紹介のトップバッターは、世界ランキング4位で日本男子最高位の張本智和選手です。日本、そして世界の史上最年少記録を次々と塗り替え、若くして世界のトップまで駆け上がった、まさに〝怪物〟といえる選手で、東京オリンピック代表の座も日本トップのランキングを維持して危なげなく獲得。中国とも渡り合える実力を持ち、オリンピックの団体戦は日本のエースとして、そしてシングルスでは初の金メダルが期待されます。

張本選手は右シェークドライブ型で、特にバックハンド系技術を得意としています。ライジングでボールをとらえる高速バックハンド、そしてレシーブでは世界屈指のチキータが武器で、防ごうとしても防ぎようがないほどのレベルの高さを誇ります。

まだまだ若いので戦術の幅、引き出しの多さという点ではまだまだな彼ですが、それにも関わらず勝てるのは、圧倒的な技術力の高さがあるからです。スピードという点では中国選手をしのぐほどのものを持っています。

一時は中国選手からも勝利をあげていましたが、最近は研究されて少し勝ちにくくなっている印象はあります。あくまで個人的な意見ではありますが、オリンピックまでの残り数ヶ月でサービスとフォアの強化が課題かと思います。

チキータを得意とする彼はレシーブからの展開は強いですが、それと比較するとサービスからの得点力は若干の物足りなさを感じます。サービスに関してはもう少し磨く必要があるでしょう。

また得意なバックハンドに頼りすぎている部分があり、ラリーの起点がほぼバックハンドだけになっていて攻めのパターンが少ないのも課題です。相手としてはバックハンドにだけ注意すれば良く、対応しやすいので、慣れられた時にわりとあっさり負けてしまうこともあります。フォアハンドからの展開が加われば、相手としては非常にやりにくいし、もっと得点力が上がるのではないかと思っています。

中国選手と比べるとまだ差はありますし、〝がっぷり四つ〟で勝てるような実力はありません。しかし、まだ17歳。体もこれからさらにでき上がっていくでしょうし、もっと強くなることは間違いありません。

性格としては、とにかく負けず嫌いと聞きます。格上に対しても闘志をむき出しでいく部分は彼の良さだと思います。ただし、初出場となるオリンピックはプレッシャーがすごいので、そこは注意したいところです。勝ちたい気持ちが強すぎるがゆえに、受け身になると力が発揮できなくなるので、誰と対戦する時でもチャレンジャー精神で向かっていってほしいです。まだ高校生の張本選手としては自身のピークは東京オリンピックではないでしょうし、順当に行けばあと3、4回はオリンピックに出られるはずなので、東京では若さを前面に出して、自分のプレーを貫くことに集中してほしいと思います。

丹羽孝希

超速カウンターを操る日本のファンタジスタ

丹羽孝希（にわ・こうき）
世界ランキング：13位（2020年4月発表）
生年月日：1994年10月10日
所属：スヴェンソン
出身地：北海道苫小牧市
出身校：明治大
戦型：左シェーク両面裏ソフトドライブ型
主な戦績：平成24年度全日本選手権男子シングルス優勝（男子ダブルスとの2冠）、15・17年世界選手権男子ダブルス銅メダル、19年世界選手権男子シングルスベスト8、16年リオオリンピック団体銀メダル東京オリンピックの日本代表選考レースにおいて、水谷隼選手とデットヒートを繰り広げ、シングルス2番目の枠を勝ち取ったのが丹羽孝希選手。前回のリオオリンピックでは団体銀メダル獲得に貢献。東京オリンピックの団体戦はもちろん、シングルスでの初メダルを狙っています。

サウスポーの丹羽選手が最も得意とするのがカウンターです。カウンターというのは、相手の攻撃に対して、前陣で攻め返すプレーのことで、非常にハイレベルなテクニック。丹羽選手のカウンターは世界一といっても過言ではなく、普通の選手では考えられないような反応を見せ、切れ味鋭いカウンターで相手選手を抜き去ります。鮮やかすぎる彼のカウンタープレーは一見の価値ありです。

身長162cmと男子のアスリートとしては小柄な丹羽選手。台から下がっての大きいラリー戦ではさすがに分が悪いため、台の近くで相手の打球をさばくスタイルを身に付けたわけですが、彼のようなプレーは誰も真似できません。長年そのスタイルでやってきた丹羽選手だからこそ可能なのだと思います。

カウンターだけでなく、他の選手がやらないようなプレーを見せてくれるのも丹羽選手の魅力で、その一つがカットブロックという相手のドライブに対して強烈な下回転をかけて返球するテクニック。普通ならば台から離れて使うカットを、台の近くでやるのですが、この技術も世界で使いこなせる人はごくわずか。予想以上の下回転がかかっているため、浮いたボールでチャンスだと思って強打しても相手がミスをしてしまいます。

サービス、レシーブもすごく多彩です。丹羽選手はラリー戦で粘り勝つタイプではなく、なるべく少ないラリーで相手を仕留める速攻タイプなので、サービス、レシーブはまさに生命線。いかにして序盤で自分の展開に持っていくかがポイントです。

また試合中の丹羽選手は非常にクールで、精神状態がほとんど顔に出ない非常に珍しい選手です。プレー自体も力が抜けており、クリエイティブな遊びのプレーを入れることもしばしば。そんな丹羽選手の特徴を知らないと「やる気があるのか?」と見えてしまうこともあるのですが、闘志を内に秘めるタイプなので心配はありません。マイペースでメンタルも強いのですが、一方で変に真面目なところがあって、団体戦の時は「チームのために」とか「負けたら迷惑をかける」など余計な気持ちが出てしまい、プレーが変わってしまうこともあります。東京オリンピックでは変に気負いすぎず、自然体でプレーすることが、自身をメダルへ導くカギとなるでしょう。

水谷隼
東京で有終の美を飾れるか、日本の大黒柱

水谷隼（みずたに・じゅん）
世界ランキング：17位（2020年4月発表）
生年月日：1989年6月9日
所属：木下グループ
出身地：静岡県磐田市
出身校：明治大
戦型：左シェーク両面裏ソフトドライブ型
主な戦績：全日本選手権男子シングルス10度優勝（歴代最多／13年連続決勝進出も最多記録）、09・13年世界選手権男子ダブルス銅メダル、10・14年ITTFワールドツアーグランドファイナル優勝、16年リオオリンピック男子シングルス銅メダル・団体銀メダル

日本選手紹介のラストを飾るのは、長く日本の男子チームを牽引してきた水谷隼選手です。16年リオオリンピックでは団体とシングルスで初のメダルを獲得。東京オリンピックの日本代表選考レースでは、丹羽選手との2番手争いに敗れて、シングルスの代表権は逃しましたが、団体戦のメンバーに選出され、4度目のオリンピック出場が決まりました。今年で31歳になった彼にとっては、東京オリンピックの1年延期はフィジカル面でも、モチベーションの維持という面でも難しさはありますが、最後のオリンピックになる可能性がある東京で有終の美を飾りたいところです。

戦型は左シェークのドライブ型で、攻守のすべてをバランス良くこなせる、世界で指折りの〝オールラウンダー〟です。中でもずば抜けているのは守備力の高さ。相手に攻められる展開になっても得点できるのが彼の大きな武器で、相手のドライブを確実に打ち返すブロックも巧みですし、何といっても見ていて盛り上がるのはロビングでしょう。世界的に見ても水谷選手のロビングは本当にレベルが高く、あれだけ粘れる選手はいません。相手が打つコースがあらかじめわかっているように落ち着いて返すことができ、ただ返すだけではなくて、コースを狙ったり、深くに返したり、回転をかけたりと球質に変化をつけて、相手のミスを誘うことができます。フットワークそのものもすごく速いので、どんなボールでも追いつくことができ、守備範囲の広さにも定評があります。

またサービス、レシーブもバリエーションが豊富ですし、プレースタイルも相手によって自在に変えることができます。技術の多彩さは世界トップクラスです。

また水谷選手を語るうえで、戦術の巧みさも欠かせないポイント。点が欲しい時にどうすれば良いのかを心得ており、ここぞという時の戦術が非常に的確で失敗がありません。試合の中でどこが重要なのかをよくわかっているので、必要性がない時にはあえて得点できる戦術を使わないこともあります。全部のプレーで得点しに行こうとせず、常に状況を分析し、最終的に11－9で勝てば良いという考えでプレーをしています。いうなれば「卓球ＩＱが高い」という感じで、ここまで深く卓球の戦術を考えている選手はいないと思われます。性格もすごく真面目で、卓球に対して妥協しない面があります。

技術や戦術は一流なので、あとは万全の状態で東京オリンピックに臨むだけ。団体戦ではチーム最年長として、張本選手と丹羽選手を引っ張り、最高のプレーで悲願を達成してほしいです。

東京オリンピック、日本チームの展望
中国を倒し、金メダルは獲れるのか？

世界的な新型コロナウイルス感染拡大の影響により、東京オリンピックは1年後に延期となりました。卓球の日本代表内定者6名は2020年1月に決まっており、今後も代表選手の変更はないと日本卓球協会が発表しています。来年の東京オリンピックに向けて、さらに実力を磨いてほしいところです。ここでは来るべき東京オリンピックに向けて、日本チームの展望、メダルの可能性について私の考えを述べさせていただきます。

まず最初は、伊藤美誠選手、石川佳純選手、平野美宇選手の最強トリオで挑む女子団体です。ロンドンオリンピックで銀メダルを獲得し、日本の卓球界初メダルとなったこの種目。前回のリオオリンピックでも銅メダルを獲得しており、3大会連続メダルの可能性は大といえます。

改めてオリンピックの団体戦の方式を説明しつつ、より具体的にオーダーの説明をしましょう。オリンピックの団体戦は第1試合がダブルスで、第2試合から4つのシングルス。各試合は、5ゲームズマッチで先に3ゲームを取った選手が勝利。そして、計5試合のうち3試合を取ったチームが勝利となります。

この試合方式でカギとなるのは最初のダブルスで、ここを取れるかどうかでその後の流れが大きく変わります。

日本のオーダーとしては、エースの伊藤選手をシングルス2点起用にし、石川選手と平野選手でダブルスを組むのが基本になるでしょう。石川・平野ペアに関しては、今年2月に行われたワールドツアー・ハンガリーオープンで初優勝を果たすなど、ペアを組み始めてから着実にコンビネーションが高まっており、オリンピックの団体戦でも安定した勝ち星が期待できます。世界ランキング2位の伊藤選手の2点も手堅いですし、順当に行けば中国以外に負ける可能性はかなり小さいと思われます。

また東京オリンピックの組み合わせは、世界チームランキングで決まります。日本がこのまま2位をキープできれば、決勝まで中国と当たらない組み合わせになるため、決勝進出、銀メダル以上が濃厚というわけです。

そして気になるのが中国戦ですが、今の日本女子の実力を考えると、小さいながらもチャンスはあると思います。２０１８年の世界選手権では伊藤選手が中国から一勝をあげていますし、日本女子が徐々に中国に近づいているのは確かです。

やはりポイントはトップのダブルスで、ここで勝利して中国にプレッシャーを与えられるかどうかがカギになるでしょう。後ろに伊藤選手のシングルス２試合が控えているので、中国としてもダブルスに関しては相当に力を入れて臨んでくるはずです。中国選手といえども、大舞台でリードを奪われれば動揺します。万が一のことを考えてしまい、そうなると消極的になり、「自分が勝つ」ではなくて「誰か勝ってくれ」と人頼みの精神状態になり、プレーにも悪い影響が出るものです。日本がなんとかそのような流れを作り出すことができれば、悲願の金メダルは夢ではありません。

男子団体、気になる丹羽&水谷ペアの起用はあるのか?

比較的オーダーが固まっている女子と比べると、男子は少し悩ましい状況です。世界ランキングが最も高い、エースの張本智和選手をシングルス2点起用にした場合、必然的にダブルスを組むのは丹羽孝希選手と水谷隼選手になるのですが、問題は両選手ともに左利きだという点。右利き&左利きペアが有利なダブルスにおいては、このペアリングは少し難しさがあります。もちろん左利き同士のペアであっても、世界トップの実力者ですから簡単に負けるようなペアにはなりませんが、このペアリングのポテンシャルは今のところ未知数です。

ちなみに2019年6月のワールドツアー・香港オープンに、丹羽&水谷ペアでエントリーしたのですが、十分な練習ができずに臨んだためにプレーがかみ合わず、世界ランキングが3桁同士のロシアペアに初戦で敗退しています。

今回の団体戦の方式だとトップのダブルスを捨てるわけにはいきません。まだ時間はあるので丹羽&水谷ペアを強化していくことは十分できますし、誰とでもプレーを合わせられる水谷選手が丹羽選手の良さを引き出すことができれば、面白いペアになる可能性もあるので頑張ってほしいです。

もちろんこのペアで固定する必要はなく、水谷選手をシングルス2点起用にして、張本&丹羽ペアという案もあるでしょう。張本選手はまだ17歳ですし、初のオリンピックでエースとしてどこまで力を発揮できるかという点に若干の不安もあります。その場合、百戦錬磨の水谷選手をエース扱いにして、右利きの張本選手と左利きの丹羽選手を組ませた方が勝つ可能性は高くなるかもしれません。チキータがうまく、前陣での速い攻めを得意とする2人のペアもなかなか見応えがありそうです。

男子チームがメダルを獲得するためには、ライバルのドイツ、韓国が大きな山場になるでしょう。中国と同じ山に入って準決勝で中国に当たる組み合わせになるのか、決勝まで中国に当たらない組み合わせになるのかもポイント。本番ではどんな組み合わせになり、そして日本男子がどのオーダーで挑むのか非常に楽しみです。

各国2枠制限のシングルスも十分チャンスあり

シングルスに出場するのは、男女2名ずつ、張本智和選手、丹羽孝希選手、伊藤美誠選手、石川佳純選手の4名です。オリンピックは3位決定戦があるため、準決勝まで進んでもメダル確定とはなりません（世界選手権はベスト4の2人が銅メダル獲得となります）。そういう面ではメダルは狭き門ですが、一方で各国2名までという出場制限があり、中国選手が2名しかいないため実際にはチャンスは大きくあります。世界選手権ならば一つの国から5名がエントリーできるので、高い確率で中国選手に当たりますし、優勝するには3人程度は中国選手を倒さなければならないので、かなり大変なのです。

シングルスの組み合わせも各選手の世界ランキングによって決まるので、ランク上位にいれば、準決勝まで中国選手に当たらないのでチャンスが膨らみます。もちろん日本の4選手が中国選手を撃破する可能性もありますので、シングルスも金メダルを目指して頑張ってほしいです。

最も金メダルに近い「混合ダブルス」に注目

東京オリンピックでは団体戦とシングルスに加えて、3つ目の種目として混合ダブルスが新たに採用されます。各国1ペアのみ出場することができ、日本からは水谷&伊藤ペアのエントリーが決まっています。

水谷選手と伊藤選手はともに静岡県磐田市出身で、実は小学校も所属していた少年団も同じという先輩後輩の間柄。組み始めた当初から息のあったコンビネーションを見せて、ワールドツアーなどでも安定した成績を残し、2020年のカタールオープンでは決勝で中国ペアを下して、ツアー2勝目を達成。東京オリンピック3種目のうち、最も金メダルに近いのが混合ダブルスともいわれ、注目が集まっています。

男女で組む混合ダブルスでカギとなるのは女子選手です。男子選手の強いボールを女子選手が受ける展開がどうしても不利になるわけですが、ここで女性選手がどれだけうまく対処できるかがペアの強さに大きく影響してきます。伊藤選手は強打への対応力が非常に高く、男子選手のボールもしっかり返球できるので、水谷選手にとっては頼もしいパートナーといえるでしょう。

加えて、日本ペアは水谷選手の引き出しの多さが大きな武器になっています。水谷選手はあらゆる技術を備えたオールラウンダーなので、パートナーに合わせたプレーが可能です。台上で仕掛けたり、大きなラリーで粘ったり、チャンスメークをするなど、様々な展開で伊藤選手の良さを引き出すことができるのが水谷選手です。

総合力、対応力が高いペアリングでなければトーナメント戦を勝ち上がることはできません。どのペアと対戦しても柔軟に自分たちのプレーができる水谷&伊藤ペアは、まさに日本最強のコンビなのです。

そんな日本ペアの最大のライバルといわれているのが、中国の許昕&劉詩雯《りゅうしぶん》ペアです。ダブルスの巧さにおいては右に出る選手がいない男子の許昕、そして現・世界女王である劉詩雯のペアリングはまさに世界最強で、水谷&伊藤ペアもワールドツアーなどで対戦し、4戦全敗とまだ勝つことができていません。東京オリンピックに許昕&劉詩雯ペアでエントリーするかはまだ決まっていませんが、出てきたら間違いなく一番の壁になります。とはいえ、オリンピック本番はどうなるかわかりません。日本卓球界初の五輪金メダルが誕生するのか、ぜひ皆さんも注目してください。

表7：卓球世界ランキング（2020年4月時点）

男子シングルス

順位	選手名	国
1位	樊振東《はんしんとう》	中国
2位	許昕《きょきん》	中国
3位	馬《ま》龍《りゅう》	中国
4位	張本智和	日本
5位	林高遠《りんこうえん》	中国
6位	カルデラノ	ブラジル
7位	林昀儒《りんゆいる》	台湾
8位	梁靖崑《りょうせいこん》	中国
9位	ファルク	スウェーデン
10位	ボル	ドイツ

男子チーム

順位	国
1位	中国
2位	ドイツ
3位	日本
4位	韓国
5位	スウェーデン
6位	ブラジル
7位	台湾
8位	インド
9位	フランス
10位	ポルトガル

女子シングルス

順位	選手名	国
1位	陳《ちん》夢《む》	中国
2位	伊藤美誠	日本
3位	孫穎莎《そんえいさ》	中国
4位	劉詩雯《りゅうしぶん》	中国
5位	王曼昱《おうばんいく》	中国
6位	丁寧《ていねい》	中国
7位	朱雨玲《しゅうれい》	中国
8位	鄭怡静《ていいせい》	台湾
9位	馮天薇《フォン・ティエンウェイ》	シンガポール
9位	石川佳純	日本

女子チーム

順位	国
1位	中国
2位	日本
3位	ドイツ
3位	台湾
5位	香港
6位	シンガポール
6位	韓国
8位	ルーマニア
9位	アメリカ
10位	オランダ

第3章
中国はなぜ最強なのか？
日本の立ち位置とライバル国

卓球が「国球」と呼ばれる中国
環境、技術、あらゆる面で他国を凌駕

世界の卓球界は〝中国一強時代〟が長く続いており、主要な国際大会のメダルを中国が独占しています。他のスポーツを見渡しても、一つの国がここまで圧倒的に強いケースはなかなかありません。どうして中国はこれほどまでに強くなり、そして維持できているのか、その理由を説明しましょう。

中国では卓球は「国球」と呼ばれており、国技扱いの重要なスポーツです。国をあげて強化を推進し、全国に220ヶ所あるといわれる卓球学校で5歳から英才教育を受けることができ、その中から選び抜かれた選手が各省の代表、やがては国家チームに入ります。そして、世界最高峰の練習環境の中で鍛え上げられていきます。

中国で育った選手は卓球に対する意識や国を代表する選手としてのプライドが他国のそれとは異なります。伝統を守らなければいけないという気持ちも強く、偉大な先輩たちが築いてきたものを自分たちが途切れさせてはいけないという使命感、責任感が若い選手にも浸透しているのです。

中国は非常に選手層が厚いので、強い選手だからといって特別扱いされることはありません。日本の場合は世界で勝てる選手も限られているので、時には優遇されることもありますが、中国では五輪の代表だろうが、世界チャンピオンだろうが、チームの方針に反する行いがあれば代表から外されます。そのあたりの徹底ぶりはすごく、少しでも気を緩めてしまうと下からの突き上げが来るので、トップ層の選手たちも常に気を張っているような環境です。

また選手のハングリー精神も他国とは違うでしょう。国内における卓球選手のステータスが非常に高く、「卓球選手になれば生計を立てていける」「強くなれば良い収入がもらえる」ということが選手たちのモチベーションになっています。引退後のセカンドキャリアも保証されており、選手として大成すれば一生安泰といわれるほどなので、結果を残すことに必死です。

なぜ勝ち続けられるのかといえば、シンプルにどの国よりも努力しているからでしょう。選手自身の努力はいわずもがなですが、コーチも同様です。プロとして働くコーチたちが四六時中卓球のことを考え、勝つためにどうしたら良いのかを徹底的に議論し合います。コーチたちも生活がかかっているので、自分が教える選手が結果を出すことに対して本当に真剣です。もちろん他の国のコーチも頑張ってはいますが、必死さという意味では中国には敵いません。

また中国の場合は、コーチ自身が元世界チャンピオンばかり。名選手が名指導者になれるわけではありませんが、世界の頂点で戦ってきた自らの経験を伝えることができるのは、間違いなく大きなメリットといえるでしょう。

ライバル国の選手を模した「仮想選手」の存在

中国の国家チームには「仮想選手」という練習相手がいるのをご存知でしょうか。仮想選手とはライバル国の選手のプレーを模した、いわばコピー選手で、対策練習のための要員です。

ひと昔前は、福原愛さんのコピー選手がいましたし、現在は伊藤美誠選手、平野美宇選手、石川佳純選手のコピーもいます。基本的には似た戦型の若手選手が任命されるのですが、場合によっては元となる選手と同じ用具に変更させられるケースもあるようです。

その役割を一線を退いた選手ではなく、現役の選手にやらせるという点には驚かされますし、さすがに日本で同じことをするのは難しいでしょう。「常に国が一番で、選手は国に尽くすもの」という考えが根付いている中国だからこそ可能なシステムといえます。

圧倒的な攻撃力と正確性を誇る中国卓球

プレーにおける中国の強さとは何でしょうか？　まず中国卓球の特徴としてあげられるのが攻撃力の高さです。「攻撃は最大の防御」という考えが根底にあり、相手には攻めさせず、自分から攻めて勝つスタイルを徹底しています。他の国の選手であれば、守備的なテクニックを軸に試合を組み立てる選手もいますが（日本でいえば水谷選手がこのタイプ)、中国にはそのような選手はいません(ただしカット型は別です)。

打球点の速さも中国の特徴で、台から離れて攻めるのではなくて、常に台に近いところにポジションをとって速い打球点でボールをとらえます。ボールの質が高いうえに、速いタイミングで返球するので、相手としてはなかなか対応できません。

卓球で最も重要な技術のサービスですが、実は中国選手のサービスは回転のバリエーションはありますが、出し方自体は結構シンプルです。複雑なモーションで相手を欺き、サービスエースを狙うというタイプではなく、サービス単体の巧さならば伊藤美誠選手などの日本選手の方が上手でしょう。

なぜシンプルなサービスを出すかというと、その方が相手のレシーブの予測が立てやすく自分の3球目攻撃につなげやすいからです。サービスだけで点を取るのではなく、サービスと3球目をセットで考え、確実に得点に結びつけるのが中国のスタイルといえます。

またレシーブに関しては、とにかく相手の3球目攻撃を封じるのが巧く、中国選手を相手にした時はなかなか先に攻めさせてもらえません。卓球は本来ならばサービス側が有利なのですが、中国選手はレシーブでも得点する技術があるから強いのです。

よく「中国の卓球は合理的だ」ともいわれますが、まさにそのとおり。勝つために必要なことだけを徹底的にやる、という考えが選手全員に行き渡っています。他国の選手は、時には奇をてらったようなプレーも見られますが、中国選手ではほとんどありません。サービス時は確実に攻める展開に持ち込み、レシーブ時は相手に攻めさせないプレーを徹底する。もちろん技術力があってこそですが、その合理的なスタイルを徹頭徹尾貫けるのが中国なのです。

一方で常に変化と進化を求める部分もあり、新しい技術を取り入れ、進化させるスピードが速いという特徴もあります。例えば、ある一人のヨーロッパ選手が使っていただけのチキータという技術を、現代卓球において重要なテクニックになると予測し、積極的に取り入れたのも中国。彼らが使わなければ、ここまでスタンダードな技術になっていなかったかもしれません。新たなスタイルを確立し、常に時代の最先端をいくことも、勝ち続ける要因です。

中国選手を解説（男子編）世界最強の馬龍を擁する史上最強トリオ

ここからは観戦するうえで知っておきたい、中国代表選手を学んでいきましょう。男子は柱となる上位3選手がおり、おそらくは東京オリンピックもこの3人で出場するのではないかといわれています。

まず1人目は、世界王者の馬龍《まりゅう》選手。今現在、世界で最も強い選手がこの馬龍です。非常にパワフルなプレースタイルで、フォアでもバックでも強烈なドライブを放ちます。彼の特徴としてはとにかくラリー戦に強いことがあげられるでしょう。サービス、レシーブは中国の選手の中ではそれほど大したレベルではなく、ものすごく厳しいことをしてくる印象はありませんが、打ち合いの強さは別格です。

リオオリンピックの男子シングルス準決勝では水谷選手と対戦。手に汗握る2人の壮絶なラリー戦を覚えている人も多いかと思いますが、その試合を制した馬龍選手は続く決勝も中国のライバル選手をストレートで退け、金メダルに輝きました。東京オリンピックでは2連覇達成なるか、注目が集まります。

続いては許昕選手。左ペンドライブ型で、超人的なフットワークが最大の特徴です。本当にびっくりしてしまうくらいの俊足で、普通の選手では絶対に届かないボールも返球してしまいます。彼のプレーを見ていると卓球台が小さく見えてしまうほどなのです。ほぼ全面をフォアハンドで打っていくスタイルで、フォアハンドでどこからでも打ってきますし、威力も世界トップクラスなので、それをしのぎ切るのは至難の業といえるでしょう。またダイナミックなプレーばかり注目されがちな彼ですが、実はサービスやレシーブなどの小技もすごく巧みです。

また左利きの許昕選手はダブルスに滅法強く、東京オリンピックでもダブルス要員として重要な役割を担っています。団体戦のダブルスではほぼ確実に彼が使われるでしょうし、新種目の混合ダブルスも出場する可能性があります。

ちなみにリオオリンピックでは、男子団体決勝の2番で水谷選手が許昕選手から初金星をあげて大きな話題となりました。エースの馬龍選手に比べると、他国の選手に対して取りこぼすこともあるので、日本としてもチャンスはあるでしょう。

中国男子の3人目は樊振東《はんしんとう》選手です。3人の中では最年少、23歳の彼は馬龍選手の次のエースといわれる実力者です。プレースタイルは馬龍選手に似ていますが、完成度はまだまだ。それでいて世界ランキング1位なのですから、今後の伸び代を考えると非常に怖い選手です。ただし、オリンピックの出場は東京が初になるので、ベテラン2人と比べるとメンタル面に若干の不安はあります。

中国選手を解説（女子編）
最強の布陣、3人目の若手は誰になる？

男子は東京オリンピックに出場するであろう3選手がほぼ固まっている感じがありますが、女子はまだ読めない部分があるので、4人の候補選手を紹介しましょう。

まず1人目は2019年世界選手権女子シングルス優勝の現世界チャンピオン、劉詩雯選手。長く中国チームを支える、29歳のベテランプレーヤーです。

小柄な劉詩雯選手ですが、それを補って余りあるピッチの速さが最大の武器。両ハンドのスピードはかなりのレベルで、前陣で歯切れの良い卓球をするので見ていても面白さがあります。一方でプレー内容そのものはオーソドックスで、やることが決まっているので対策のしやすさがあり、実際に２０１８年世界選手権（団体戦）では伊藤美誠選手が勝利をあげています。

10年以上世界のトップにいる彼女ですが、なかなか大きなタイトルに恵まれず、世界選手権も２０１９年が初優勝でした。ラストチャンスとなる東京オリンピックでは初のシングルス金メダルを獲得し、有終の美を飾れるでしょうか。

続いては、劉詩雯選手とともに中国チームを牽引してきた、30歳の丁寧選手。小柄な劉詩雯選手とは対照的に非常に恵まれた体格で、男子選手のようなパワフルなプレーが持ち味。フットワークも良く、守備範囲も広いため、彼女を打ち抜くのは並大抵のことではありません。世界選手権を3度制し、リオオリンピックでも金メダルを獲得するなど一時代を築いた選手ですが、最近はプレーが全体的に遅くなり、ピークを過ぎた感があります。２０２０年3月のＩＴＴＦワールドツアー・カタールオープンでは伊藤選手に完敗。伊藤選手のスピードについていけず、第3ゲームでは０－11

で敗れています（ちなみに卓球では、0点のことを「ラブ」といい、11－0の試合を「ラブゲーム」と呼びます）。

そういう落ち目の部分はありますが、丁寧選手は今回紹介する4人の代表候補選手の中で唯一のサウスポー。ダブルスでの起用を考えるとオリンピック代表に選ばれる可能性は高いはずです。

実は中国の団体戦メンバーの決め方として、3人のうち2人は出場経験のあるベテランを選ぶ傾向があります。プレッシャーのかかるビッグゲームでは何が起こるかわからないので、精神面で不安がある初出場の若手中心の布陣にはしません。そういう意味でも今回の東京オリンピックでは、劉詩雯選手、丁寧選手のメンバー入りは濃厚ではないかといわれています。

そして3人目の有力候補が、26歳の陳夢《ちんむ》選手と19歳の孫穎莎《そんえいさ》選手です。

陳夢選手は現在世界ランキング1位。プレーに派手さはありませんが、とにかくミスが少なく、安定感はずば抜けています。どんなボールにも柔軟に対応できますし、加えて試合運びの賢さもあります。女子選手は思い切った戦術転換をあまりしないイメージがありますが、陳夢選手は大胆に攻め方を変えることもあり、そういう面の巧みさがある選手です。

また陳夢選手は候補選手4人の中で、唯一シングルスで伊藤美誠選手に負けたことがありません。最大のライバルである日本戦を踏まえた場合、伊藤選手に強いというのは大きなアドバンテージになるでしょう。

そして対抗となるのが中国の新星、孫穎莎選手です。19歳ですが実力的には中国で今一番強いといわれる逸材で、小柄ながらパワーもあって、それでいて速いラリー戦にも強さを発揮します。「劉詩雯の進化版」のようなスタイルで、威力がある分、劉詩雯選手よりも厄介な選手です。

今年8月に東京オリンピックを想定した模擬大会が中国で行われたのですが、孫穎莎選手は女子団体、女子シングルス、混合ダブルス（パートナーは許昕）の3種目で見事優勝。代表入りに向けて、かなり大きなアピールになったと思われます。

1位中国、2位日本の差とは？「10回やって1回勝てるかどうか」が現実

現在の世界チームランキングを見ると、女子では中国が1位、そして日本が2位につけています。中国の背中が見えてきた日本ですが、実際問題として中国と日本の差はどれくらいあると皆さんは思っているでしょうか。少々厳しい意見になりますが、そのあたりを少しだけ説明しましょう。

世界における日本女子の位置は単独2位。以前は2位グループの中の一つというポジションでしたが、現在は選手層も厚くなり、頭一つ抜けた存在になっています。そんな日本女子ですが、それでも中国にはまだまだ及びません。

団体戦で中国と日本が対戦するとして、日本は10回やって1回勝てるかどうかというのが現実的なところだと思います（もちろん、来年の東京オリンピックではさらに差が縮まっているはずなので、もう少し確率は上がっていると思いますが）。団体戦

で勝利するためには5試合中3試合で勝たなければなりません。中国から1勝するだけでもすごいことなのに、金星を3回ですから相当に高い壁です。

そもそも歴史的に見ても、日本が中国にビッグゲームで勝ったというのは、男女合わせてもこの40、50年間はないかと思います。アジアの大会で男子が若手主体の中国に勝ったことがあるくらい。半世紀勝てていないという事実を見ても、その難しさはわかるかと思います。

ちなみに2010年世界選手権の女子団体では、シンガポールが中国を破って優勝。中国の9連覇を阻止するという歴史的快挙がありました。とはいえ、優勝の立役者となったシンガポール選手たちも中国からの帰化選手なので、結局は中国が強いということに変わりありません。

もちろん東京オリンピックは地元開催ということで、日本の選手たちが最高のパフォーマンスを見せてくれるでしょうし、中国にも大きなプレッシャーがかかるはずです。少ないながら勝つチャンスはあるので、歴史が変わる瞬間を期待していてください。

五輪では3つの金メダルを獲得
日本のライバル国、韓国

ここからは中国以外のライバル国についても紹介していきましょう。まず初めに、中国、日本とともにアジアの強豪国として知られる韓国。世界チームランキングは男子が4位、女子が6位（2020年4月）。オリンピックでは、1988年のソウル大会で金メダル2つ、そして2004年アテネ大会でも男子シングルス優勝と日本よりも輝かしい成績を残しています。

団体戦では常に日本と名勝負を繰り広げており、2008年の北京オリンピックでは女子団体の3位決定戦で日本を破り銅メダル獲得。男子も2018年世界選手権（団体戦）の準々決勝で日本を下し、日本男子の6大会連続メダル獲得を阻んでいます。

韓国のプレースタイルは、アグレッシブさが最大の特徴。特に男子は、フットワークを活かし、強烈なフォアハンド攻撃で相手コートを打ち抜くプレーが魅力です。バック系の技術や台上技術はそれほど上手ではありませんが、とにかくフォアハンドの威力は中国選手に引けを取らないレベルで、ハマった時に強く、時々大物食いをして、ビッグタイトルを獲得することがあります。

注目選手は、男子だと鄭栄植《チョン・ヨンシク》、李尚洙《イ・サンス》、張禹珍《チャン・ウジン》の3名。おそらく東京オリンピックもこのメンバーで出場すると予想されます。李尚洙は2017年世界選手権の男子シングルスで銅メダル。鄭栄植も安定感のある選手です。2018年世界選手権（団体戦）で日本に勝利した時も、この3人が団体戦メンバーでした。チームランキングでは日本の方が上ですが、実力では韓国の方が強いのではという声も聞かれます。

一方で女子は過渡期という感じで、数年前ほどの勢いはありません。日本が実力を出し切れば、団体戦で負けることはないと思います。世代交代が進みつつある韓国女子には、申裕斌《シン・ユビン》という16歳の若手がいてかなり注目されています。2019年のチェコオープンでは、混合ダブルス決勝で日本の水谷&伊藤ペアを破り、混合ダブルスの最年少優勝記録を更新。まだ世界ランキングが高くないので東京オリンピックに出場する可能性は低いのですが、オリンピックが1年延期になったことで代表候補に急浮上するかもしれません。

ヨーロッパの伝統国、ドイツ男子のエース、39歳のボルに注目

ヨーロッパで一番の強豪といえばドイツでしょう。世界ランキングは男子が2位、女子が3位（2020年4月）で、ドイツ国内にはブンデスリーガというプロリーグもあり、世界でも屈指の卓球が盛んな国です。

プレースタイルに関しては、ドイツというよりもヨーロッパ卓球の特徴になりますが、フォア・バックともにバランス良く使いこなす両ハンドスタイルです。アジアの選手はフォア主戦でバックサイドのボールも回り込むプレーが多いのですが、ヨーロッパ選手はバックハンドが非常に上手で回り込みは多くありません。またアジア選手と比較すると体格が良いのでパワーがあり、バックハンドでも強烈なボールを放てるという強さがあります。

世界チームランキング2位の男子は、ボル選手（世界ランキング10位）、オフチャ

ロフ選手（同11位）、フランチスカ選手（16位）と実力者が揃っており、チームとして穴がありません。韓国と同様、日本としてはあまり当たりたくない相手です。

この3人の中で特に覚えておきたい選手をあげると、やはりボル選手。20年以上ヨーロッパ、世界のトップを走り続ける、39歳のスター選手です。中国選手に対抗できる数少ない選手の一人でもあり、２００５年のワールドカップでは中国選手を次々と破って優勝したこともあります。

ボル選手の戦型は左シェークのドライブ型でアグレッシブな攻めが魅力。ヨーロッパ選手は台から距離をとってプレーするタイプが多いですが、ボル選手は台に近い前陣でもプレーができ、だからこそ中国選手と互角に渡り合うことができています。

女子も日本にとって油断ならない相手です。リオオリンピックでは、準決勝で日本を下して銀メダルを獲得。その時に活躍したのが現在のエース、世界ランキング20位（２０２０年4月）のソルヤ選手。オリンピックの日本戦のトップでは伊藤美誠選手から逆転勝利を収め、ダブルスでも福原愛／伊藤美誠ペアを下しています。

ドイツは何とか強さを維持できていますが、ヨーロッパ全体で考えると、年々レベルが下がっています。ヨーロッパ勢が強かった時代を知っている私としては、ここ20

年くらいで最もレベルが低いのではないかと感じるほど。ドイツを見ても、若手が育っておらず、3番手のフランチスカも28歳。このままだとドイツも弱体化していき、益々卓球がアジアのスポーツになってしまいます。

ドイツの低迷は、試合が多すぎて、練習する時間が減っているのが原因のようです。以前はクラブで若手とトップが一緒に打つ機会も多くありましたが、現在はかなり減っていると聞きます。日本とともに打倒中国を掲げる強豪として、ドイツにはさらに頑張ってもらいたいところです。

2枚看板の男子台湾は危ない存在
その他の警戒すべきライバル国たち

その他のライバル国、注目選手などを紹介しましょう。男子で中国、ドイツ、日本、韓国に次いで、チームランキング5位は古豪・スウェーデンです。1980年代から

90年代にかけては中国とトップを争う強豪国で、世界選手権の団体戦では3連覇を果たし、ワルドナー選手やパーソン選手という世界チャンピオンも輩出している卓球界の伝統国です。

現在のエースは世界ランキング9位（2020年4月）のファルク選手で、2019年世界選手権男子シングルス準優勝という輝かしい結果を残しています。このファルク選手は、右シェークのフォア面表ソフト・バック面裏ソフト異質攻撃型という世界でも非常に珍しいスタイル。表ソフトでのフォアスマッシュと豪快なバックドライブは非常に強力です。

また東京オリンピックの出場はわかりませんが、若手の有望株にモーレゴード選手がいます。世界ジュニア選手権の準優勝者で、日本のTリーグにも参戦。プレーも独創的で非常に面白い選手なので、ぜひ覚えておいてください。

男子のチームランキングは、6位：ブラジル、7位：台湾、8位：インド、9位：フランス、10位：ポルトガルと続いていきます。

この中で警戒すべきチームをあげると台湾でしょう。大ベテランの荘智淵《そうちえん》選手は20年以上世界のトップを走り続ける鉄人で、今年のワールドツアーでも張本選手に連勝するなど、39歳ながら力強い両ハンドドライブは健在です。

また台湾には18歳の若きエース、林昀儒《りんゆいる》選手がいます。世界ランキング6位の天才肌の選手で、2019年T2ダイヤモンドという大会では、水谷選手を4－0のストレートで退けると、準々決勝では馬龍選手、決勝では樊振東選手という中国トップ2を連破して優勝を果たしています。新旧2枚看板がいる台湾は要注意のチームです。

注目すべき選手としては、ブラジルのエース、カルデラノ選手がいます。恵まれたフィジカルを武器に、ここ数年で一気に世界のトップに駆け上がった選手で、現在は世界ランキング6位（2020年4月）。24歳と若く、1年後はさらに強くなっている可能性があるので、東京オリンピックではメダルの可能性もあると思われます。

女子は、チームランキング4位の台湾、5位の香港、韓国と同率6位のシンガポール（2020年4月）とアジア勢が上位を占めています。現状、女子の勢力図は中国がダントツ1位で、少し離れて2位の日本、少し離れて3位以下という状況。各国のエース級は日本にとっても油断できない相手なので注意が必要でしょう。しかし、どのチームも2番手、3番手の実力が落ちるので、団体戦で考えると日本が3点を奪われる可能性はかなり低いと思われます。

第4章

中国に勝利した名勝負を分析 日本はどうすれば中国に勝てるのか？

前陣プレー&クレバーな戦術で難敵を撃破
リオ五輪で魅せた水谷隼の大逆転劇

中国一強の時代になってから、日本選手が中国選手を倒した試合は多くありません。そんな中国に対して、日本がオリンピックや世界選手権という大舞台で勝利し、金メダルを獲るには何が必要になるのでしょうか。それを探るため、実際に日本選手が中国選手に勝利した名勝負を分析し、そのポイントを明らかにしようと思います。

またこの名勝負分析は、試合の中で選手たちが相手のプレーに対してどのように対応し、どう変化させているのか、戦術の移り変わりを知ってもらうという目的もあります。ぜひ卓球における戦術の奥深さにも触れていただきたいと思います。

まず初めに解説するのは、水谷隼選手の試合です。２０１６年リオオリンピック男子団体決勝、中国戦の2番、それまで15連敗を喫していた許昕選手を相手に逆転勝利をおさめました。

許昕選手に対して分が悪かった水谷選手は、この試合も正直なところ内容的にはかなり苦しく、負けてもおかしくない、むしろ勝ったのが奇跡といっても過言ではない状況でした。ただし、このリオオリンピックでの水谷選手は非常に調子が良く、最初の2ゲームは素晴らしいプレーを見せます。

特に良かったのが、台に近い位置で攻撃的なプレーを貫いた点です。水谷選手は台から距離をとって粘り強くラリーを続けるプレーを得意としますが、この試合では台から下がらず、バックハンドも安定性重視のブロックをするのではなく、カウンター気味に打球するなど、速く攻撃的なプレーが光り、特に相手のフォアサイドを突く、ストレートへのバックハンドが大きな得点源となっていました。

また相手のサービスに対しては、短く止めるストップを多用し、フォアドライブが武器の許昕選手にフォア強打をさせなかったのも、序盤で理想的なスタートダッシュができた要因といえるでしょう。

相手の許昕選手は大きなラリー戦に持ち込みたいので、第2ゲームからは短いボールに対してフリックを使いますが、水谷選手にうまく対処されてしまいます。得意のフットワークが影を潜め、フォアドライブのミスも出るなど水谷選手のペースで試合は進んでいきました。

しかし、すんなりと勝たせてくれないのが中国選手です。実際、許昕選手に対して圧倒的に勝率の低い水谷選手としては、2―0とリードしてやっと五分五分というのが、正直なところだったかと思います。

そして第3ゲームから許昕選手が戦術を変えます。第1、2ゲームは全体的に強打が多かったのですが、フルスイングをやめて、8割くらいで打球し、威力よりも確実性を重視するプレーに切り替えるのです。強打すると水谷選手のカウンターの餌食になってしまうので、コースを突き、水谷選手を台から下げてから強く打つようにしました。また回り込みフォアドライブも少なくし、バックサイドのボールはバックハンドで対応。フォア主戦から両ハンド型の戦い方にシフトチェンジしたのです。その結果、序盤で効果的だった水谷選手のストレートへのバックハンドが効かなくなり、徐々に許昕選手がペースを握っていきます。

第3、4ゲームを奪われ、最終第5ゲームも押され気味のまま進み、2―5と離されたところで水谷選手がタイムアウトを取りますが、点差は縮まらず7―10と崖っぷちに立たされるのです。

あと1本で負けるという状況ですが、落ち着いていたのは水谷選手でした。フォアドライブの打ち合いを制して8－10にすると、次は自分のサービスからの3球目攻撃を相手のミドルに叩き込んで9－10。さらに許昕選手の回り込みフォアドライブを前陣でストレートにブロックし、10－10に追いつきます。この強気のブロックは素晴らしいプレーでした。

これで流れはグッと水谷選手に引き寄せられます。さらに10－10では、フォアサイドに来たボールに対して、許昕選手の立ち位置を確認したうえであえて強打せず、ループドライブでネット前に短く落とすという技ありの1本を見せます。

最後は動揺した許昕選手がレシーブミスをして、7－10からの5連続ポイントで水谷選手が大逆転勝利を収めました。

試合内容としてはほとんど負けていたのにも関わらず、冷静な戦いぶりでわずかな勝機をものにした、水谷選手の勝負強さがわかる一戦です。

世界王者さえも活路を見出せない圧倒的なスピード張本のバックハンドは中国を凌駕する

卓球の試合は戦況に合わせてプレー、戦術が変化していくものですが、変化が少ない試合も実際にはあります。今から紹介する張本智和選手の試合もその一例といえるでしょう。

試合は、2019年男子ワールドカップ、男子シングルス準決勝、張本智和選手対馬龍選手（中国）。世界選手権3連覇、リオ五輪で金メダルを獲得した世界最強の選手を張本選手が下しました。

試合全体を通して、張本選手の前陣での超高速プレー、強力なバックハンドに馬龍選手が押されるという構図になっています。いつもならば力で相手をねじ伏せる馬龍選手が最初から最後まで自分らしいプレーができず、かなりストレスが溜まったであろう内容になっているという驚くべき展開です。

フォアハンド勝負ならば馬龍選手に分がありますが、バックハンドや台上プレーでは完全に張本選手が上回っていました。張本選手のバックハンドはスピードに加えて、コースのわかりづらさも特徴で、特にすごいのがストレートへのボール。打球点が速いうえに、外側（相手のフォア側）に逃げていくシュート気味の打球になっており、これには馬龍選手でさえも対応できていませんでした。中国選手がボールに触ることもできず〝ノータッチ〟で抜かれるというのはそうそうないので、張本選手の技術力には驚かされるばかりです。

また張本選手の勝因として、前陣でのプレーを死守し、フォアハンドでも積極的にカウンターを狙ったという点もあげられます。馬龍選手のフォアドライブは「世界最強」ともいわれる威力で、対峙する選手はかなりのプレッシャーを感じ、ついつい後ろに下がってしまいがちです。しかし張本選手は恐れずに前陣で構え、そのフォアドライブをカウンターで狙ったことで自分に有利な展開を維持することができました。もしも張本選手がフォア側のボールを無難に返していたら、もっとフォアサイドを狙われ、馬龍選手に攻め込まれていたかもしれません。それをさせなかった張本選手に最終的に軍配が上がったのです。

馬龍選手は台から距離をとる、長いサービスを混ぜるなど、戦術を変えようと試みるのですが、打開することはできず、最後まで張本選手のミスを待つという受け身の展開になってしまいました。張本選手のプレーは戦術面でいえばまだまだ単調ですが、それを補って余りあるバックハンドの技術力、自分のプレーを貫く強さが、世界チャンピオンを圧倒したのです。

相手のロングサービスをスマッシュで反撃 流れを変えた伊藤選手の果敢なレシーブ戦術

続いては、伊藤美誠選手の試合です。取り上げるのは、２０１８年世界選手権（団体戦）の決勝１番、劉詩雯選手（中国）との対戦です。これまで日本選手に対して37連勝と圧倒的な強さを見せた劉詩雯選手に対して、伊藤選手が見事勝利をあげました。

伊藤選手は、サービスで相手を崩して、フォアスマッシュで決めるという自分の得意な基本戦術で戦います。一方の劉詩雯選手は、伊藤選手のバック側にロングサービスを出して、バックハンドでレシーブをさせてから攻める展開をベースにしていました。伊藤選手はバック面に表ソフトを使用しており、長くて低いサービスに対しては強打が難しいと読んでの作戦です。

劉詩雯選手の読みどおり、序盤で伊藤選手はサービスをうまく処理できず、レシーブに苦しみます。しかし、第2ゲーム4－7の場面でこのロングサービスを回り込んでフォアスマッシュで狙い打ったのです。このワンプレーによって、劉詩雯選手としてはロングサービスが出しづらくなり、中盤以降はショートサービスがメインとなります。同時に精神的にも消極的になり、全体的にプレーにまとまりがなくなっていくのです。伊藤選手の1本のレシーブ強打が、試合展開をガラリと変えました。

第4ゲームの10－8でも劉詩雯選手はロングサービスを出しますが、これも伊藤選手はフォアスマッシュで得点。相手としては完全にロングサービスが使えなくなりました。

終盤になるにつれ、劉詩雯選手のプレーに迷いが生じてきます。最終第5ゲーム5－7で劉詩雯選手がリードの場面。本来の彼女であれば強気のロングサービスで勝負に出るはずですが、伊藤選手のレシーブスマッシュが頭にあるので、中途半端なショートサービスを出してしまい、伊藤選手が得点します。

一方、伊藤選手は徹底的に相手のフォア前にサービスを集めるなど戦術にまとまりが出てきます。試合を通してどの展開が有利かをしっかりと把握し、終盤でベストな選択ができているのは落ち着いている証拠です。

また流れを引き寄せたプレーとして、第5ゲーム1―5でのカウンタースマッシュも見事でした。高く浮いたボールに対して劉詩雯選手がスマッシュ。普通なら100％劉詩雯選手の得点になるボールでしたが、伊藤選手が開き直ってフォアスマッシュを合わせたところ、見事なカウンターとなったのです。決めた伊藤選手自身も驚いたであろう、このミラクルプレーも、徐々に点差を縮めていくきっかけとなりました。

第5ゲームは8―10と劉詩雯選手が先にマッチポイントを迎えますが、流れが傾いていた伊藤選手がここから4本連取で逆転勝利。世界選手権の決勝という大舞台でも自分のプレーを見失わず戦える伊藤選手のメンタルの強さがよくわかる一戦です。

完敗ムードから巻き返した石川佳純相手の穴を見つけ、徹底的に突く！

最後は、２０１９年のワールドツアー・オーストラリアオープン、女子シングルス準々決勝で、当時世界ランキング１位の陳夢選手（中国）を破った石川佳純選手の試合です。

第１、２ゲームは陳夢選手に主導権を握られ、簡単に2ゲームを落とすスタートとなった石川選手。序盤はいつものスタイルで攻めようとするも攻めることができず、解決策を見出せないまま試合が進んでいるように見えます。陳夢選手のロングサービスに対して、もっと攻撃的にレシーブできると良かったのですが、入れるだけになってしまい、短いサービスに対しても中途半端にフリックし、それを狙われました。またラリー戦でも陳夢選手の速さについていけず、苦しい立ち上がりとなります。

流れが変わるポイントとなったのが、第2ゲームの3－5。相手のロングサービスに対して石川選手がバックドライブを強く振り抜き、レシーブで得点しました。伊藤選手の試合でも似た場面がありましたが、石川選手もこのレシーブによって、陳夢選手のロングサービスを封じることに成功するのです。

また第1、2ゲームはラリーでも押される場面が多かったのですが、第3ゲームからは相手のスピードにも慣れてきて、バックはブロックで確実に返球し、相手がフォアサイドに打ってきたボールをカウンターで狙うパターンが増えてきました。

そして、試合展開を大きく変えたのが第5ゲームから多用していくストップです。陳夢選手がストップに対してうまく処理できないことを見抜き、徹底的に短いボールで崩していきました。前後に揺さぶり相手のミスを誘い、長く返ってきたボールはドライブで攻めていきます。もちろん、陳夢選手も石川選手のストップ戦術に気づいているので、自分から攻めるなどして対処するのですが、焦って打つためにミスが出て、その結果、他のプレーも崩れるという悪循環に陥っていきました。

序盤は完敗の試合内容だったものの、しっかりと相手のウィークポイントを見つけて巻き返した石川選手。このように、戦術によって一気に展開が変わることもあるというのが、卓球の醍醐味ともいえるでしょう。

打倒中国の鍵となるのは「スピード」

過去の4試合を振り返って、どうすれば中国に勝つことができるのか、見えてくることがあります。

まず一つは「スピード」です。張本選手、伊藤選手がなぜ中国に勝てるかといえば、中国をも上回るスピード、ラリーの速さがあるからです。中国選手に対して十分な体勢で攻めさせず、ピッチの速いプレーで崩していくことができるため、両選手は勝つことができます。張本選手はチキータ、伊藤選手はサービスとスマッシュというように、スピード以外でも中国を上回る得点技術があるのも勝因です。

逆に水谷選手のようにすべてのプレーが平均的にできるオールラウンドタイプは中国には勝ちにくいのが現状です。どうしても中国選手に先に攻められてしまうので、展開が苦しくなりがちです。だからこそ水谷選手も許昕選手との試合では後ろに下がらず、前陣でのプレーを貫き、その結果勝利することができました。

あとは中国選手に限らずですが、弱点を見つけたら徹底的にそこを突くことが大切です。中国選手も人間ですからどこかに弱点はあります。その日のコンディションによっても調子の良し悪しは変わり、調子が悪い部分は試合の中で簡単に変えることができません。わかっていてもどうしようもない、ということが中国選手にも起こりうるのです。

石川選手の例でいえば、その日の陳夢選手は対ストップが穴で、それを見つけて攻めたことが勝利につながりました。とにかく諦めずに、最後の最後まで相手の苦手なポイントを探し続けていけば、勝機は見えてくるはずです。

そしてやはり団体戦になるとプレッシャーも出てきます。伊藤選手、水谷選手は団体戦での勝利でしたが、絶対に負けられないという重圧は、日本選手よりも中国選手の方が大きいはずです。

２０１０年世界選手権の女子団体では中国がシンガポールに敗れる大波乱がおきましたが、その試合では劉詩雯選手が2敗を喫しています。中国が強いことは間違いありませんが、何が起こるかわからないのがスポーツです。日本が中国を倒して、金メダルを獲得する日もそう遠くないと私は思っています。

特別対談

松下浩二×水谷隼

「日本が世界を制するために必要なこととは？」

世代は違えど、ともに日本のエースとして世界と戦い、日本チームを牽引してきた松下浩二と水谷隼。2人は日本の現状、そして中国との差をどうとらえているのだろうか。まだコロナ禍にあった2020年8月某日、リモートという形で卓球界のレジェンド2人によるスペシャル対談が行われた。

「松下さんは憧れの存在だったので、気軽に話しかけることはできませんでした」（水谷）

――水谷選手が初めて松下さんを知ったのはいつですか？

水谷　自分が卓球を始めてすぐですね。小学生の時に雑誌とかで見て。初めて生で松下さんを見たのは僕が小学5年生くらいの時の全日本選手権だったと思います。

――プレーを見て、いかがでしたか？

水谷　やはり日本トップのプレーというのはレベルが高かったですね。自分は小学生で、同世代ではトップだったけど実力はまだまだだし、大人の世界はすごいなって感じていました。

——松下さんが水谷選手を知ったのはいつですか？

松下　水谷君が小学2、3年生ぐらいですかね。すごく上手な小学生がいるという噂は耳に入ってました。水谷君は静岡県磐田市出身で、僕は愛知の豊橋市でわりと近い。僕の父親が豊橋の隣の湖西市（静岡）にある実業団チームのアスモ（現デンソー）の手伝いをしていて、「磐田にすごい子がいるんだよ」って教えてくれました。

実際にプレーを見たのは5、6年生かな。ホープス・カブ・バンビ（※全日本選手権ホープス・カブ・バンビの部／小学生以下の日本一を決める全国大会）の試合を見にいった時で、すごく強いなって思いました。

——そうなんですか。その後、現役時代の接点は？

松下　僕と水谷君は入れ替わりの世代なんですよね。水谷君が初めて世界選手権に出たのは、確か2005年だったかな？

水谷　そうですね。上海大会の時です。

松下　その時、僕も日本代表に選ばれていたのですが、辞退して他の若手に代表権を譲ったんですよ。38歳で年齢的にもういいかなと。他の国際大会には出ていたのですが、世界選手権に関してはもう選ばないでくださいという感じでした。

自分としてはそんな状況だったのですが、翌年の世界選手権の団体戦の時に代表に選ばれまして、そこで水谷君もいてチームメイトとして一緒に戦いました。

――その時はどんな関係だったんですか？

松下　年齢差があったから、それほど交流はなかったかな。20歳以上違うし、水谷君もまだ高校生で子供でしたね。ただ、プレーヤーとしてはすごく才能のある選手だし、ゆくゆくは日本の大黒柱としてオリンピックとか世界選手権で普通にメダルを取るんだろうなというのはわかっていたので、１人の選手として見ていました。

水谷　松下さんはすごく憧れの存在でしたし、卓球界のパイオニアとずっといわれていたので、一緒のチームでしたが気軽に話しかけることはできませんでしたね。

松下　ナショナルチームでも練習する機会はそんなになかったね。水谷君もドイツでやっていたし、僕もその時期はフランスだったし。たまに水谷君たちの練習拠点だったドイツのチームに顔は出していたけど、見るだけで、僕は練習もやらなかった。

結局、一緒に出られた２００６年の世界選手権は14位という最低記録になってしまいまして（笑）。世代交代の時期だったんで仕方ない部分はありましたね。次の２００８年の団体戦は、僕は代表ではなかったのですが、水谷君たちが頑張ってくれて銅メダルを獲得してくれました。

「水谷君が中国選手だったら、世界チャンピオンになっていたはずです」（松下）

――この数年で日本の成長や中国との距離についてはどのように感じていますか？

松下　僕の時代と比べたら、中国との差はかなり縮まっています。今の日本のレベルは高いし、ここ10年ぐらいは水谷君が中心になって日本を引っ張ってくれて、中国に次ぐ位置で、常に世界の上位にいます。

　僕らの時代は２０００年の世界選手権で銅メダルを獲っているけど、13位とか14位という大会もあって、そこが精一杯だった。中国の選手に勝つというのはものすごく厳しかったですね。でも今の日本は勝つチャンスがあるし、実際に水谷君はオリンピックとかで中国選手に勝っているから、縮まっているのは確かです。

水谷　２００６年大会でのワーストタイ記録の時は松下さんと一緒にプレーしていたので日本の弱い時も知っていますし、そこからオリンピックでメダルを獲れるようになったので日本は強くなってきたとは思います。あと昔に比べたら中国の層が薄くなってきているので、そういうのも含めて、差は縮まっているかもしれませんね。

松下　確かにそれはある。昔の中国は選手の入れ替えがすごく早かったけど、今は馬龍とか許昕とか30歳を超えた選手がまだ主力でいる。

水谷　馬龍は僕より上ですからね。中国選手としてはかなり長い。

松下　そんなにやる選手って、この50年くらいの中国の歴史ではいないので、層は薄くなっているのかもしれない。とはいっても、まだまだ強いですけど。

――ここ数年の日本の復調、躍進を振り返ってどうですか？

水谷　すごく正直に言わせていただくと、自分がいたからというのが大きいと思っています。僕が常に試合に出て、しっかり勝利をあげてきたから団体戦でメダルが獲れている。もちろん日本全体のレベルも上がってきていますが、じゃあ世界のトップで戦える選手がどれだけいるの？　となると、今は張本ぐらいしか現れていない。僕としては、日本にはまだまだ足りない部分がたくさんあるというのが本音です。

松下　昔よりも強化はうまくできていると思うけど、組織としての力より、まだまだ個の力に頼っているのが現状ですよね。

例えば水谷君の場合は中学生からドイツに渡って、マリオ・アミズィッチという一流のコーチに指導してもらえたのが大きい。普通だったらコーチを日本に呼んで、スポット的に時々見るというやり方にするだろうけど、選手をドイツに連れてきて、毎日練習を見るという方向に持っていったマリオの力やアイデアがあったからこそ強くなれた。もちろん、それに対して日本卓球協会も金銭面などでバックアップしてくれたけど、日本で組織的に育成したわけではない。そこは課題だと思います。

あと今の男子のトップ選手は青森山田出身が多いけど、中、高、大学一貫にして、海外のコーチを招聘したり、海外で練習させたりっていう、青森山田の仕組みも良くて、日本のレベルアップに貢献しています。

水谷 そうですね。中学2年の時にドイツ留学に行けたのはすごく良かったです。なかなかないチャンスですし。

松下 僕はよく思うんですけど、もし水谷君が中国人として生まれて、中国で練習してたら、世界チャンピオンになっていたんじゃないかなと。それだけの才能がある。

水谷 （笑）実はそれ、劉国梁《りゅうこくりょう》（中国卓球協会会長／元オリンピック金メダル、世界選手権優勝）も言っていたような気がします。何かの記事で読みました。

松下　今は日本のエースは張本君ですが、彼が強くなった理由として、日本のトップ選手と早い段階から一緒に練習できたというのがあると思う。中学1年でエリートアカデミーに入って、同じ場所でナショナルチームも練習していて、技術を見たり、盗んだり、打ち合ったりできる。エリートアカデミー自体は何年も前からあるけど、初期のアカデミー生はトップ選手と練習する機会はなかったから、才能のある選手はいたけど張本君ほど急激に伸びることはなかった。水谷君もドイツでトップ選手と練習できる環境だったし、それが良かったと思う。

環境の良さでいうと、中国がまさにそうで、上の選手と下の選手が同じ練習場でやって、鍛えられていく。間近で馬龍とかを見て、「こうやれば世界チャンピオンになれるんだ」って肌で感じられるのは大きなメリット。だから、もしもそういう環境に水谷君がいたら、金メダルを獲っていたはずだって思うんですよ。

水谷　ありがとうございます（笑）。でもそんなことないと思いますよ。中国の厳しい練習に僕は耐えられない。今ほど頑張れていないと思います。

松下　そうかなぁ（笑）。水谷君はオリンピックでメダル獲っているけど、これは本当にすごいことで、中国選手がメダル獲るのとは重みが違います。国内に模範となる選手がいなくて、常に自分で一生懸命考えて強くなったというところは本当に尊敬できる。僕みたいなだらしない先輩でなくて、世界チャンピオンが近くにいたらもっと違ったかなぁと思いますね（笑）。

「ミックスダブルスは、女子選手を崩せれば、中国に勝つチャンスがある」（水谷）

――現在の中国で一番強い選手は誰だと思いますか？

松下　馬龍でしょうね。見ていてパワフルで力強いし、穴があんまりない。

水谷　僕も同じです。馬龍は圧倒的に穴がなくて、僕も一度も勝ったことがないです。

――リオは水谷選手は中国の許昕に勝っていますが、勝因は何でしょう？

水谷　オリンピックの時、もちろん調子が良かったというのもあるんですけど、その前の半年間でいろんなワールドツアーに回って、３大会くらい優勝できた。ワールドツアーでもまれながら自分が成長していたし、ロシアリーグ、ヨーロッパチャンピオンズリーグにも参戦して、世界のトップ選手と試合できたのが良かったです。

かなり体も鍛えてましたし、２０１４年ぐらいからずっと摂生を続けて、そういう努力が実を結んだんじゃないかなと思います。オリンピックの時だけ絶好調だったというより、ずっと努力してきたのがそこで出た感じです。

松下　すごく強かったよね。調子も良かっただろうけど、やっぱり以前よりも実力がついていました。銅メダルはすごいですが、でも水谷君の実力を考えればビックリすることでもなくて、実力どおりの結果かなと。

ワールドツアーや海外リーグで強い選手と試合できたと言っていたけど、やっぱり強い選手と打つのがレベルを上げるにはすごく重要。だから国内のトップにいる選手は本当に大変です。２番手、３番手はまだ上に強い選手がいるからいいけど、一番強い選手は辛いし、その中で自分のレベルを高めるのは簡単なことではない。

――実際、水谷選手も苦労したという思いはありますか？

水谷　高校2年の全日本選手権で優勝して、5連覇もして、ずっと日本には自分より強い選手がいなかったですし、同じくらいの選手もいなかった。その状態で約10年ずっと頑張ってたんで、強いところを求めて中国の超級リーグに3シーズン行ったり、ロシアで計5シーズン行ったりとか、やはり強い人と打つことにはすごく飢えてたのかなと思います。

――これから日本が中国に勝つ、金メダルを獲るには何が必要だと思いますか？

松下 中国に勝つ……これは結構厳しいですね。シングルスで考えた場合、オリンピックは中国選手が2人しか出てこないので、2人を倒せば、もしくは一方が途中でこけてくれれば、1回勝つだけで金メダルは取れる。2004年のアテネオリンピックで韓国の柳承敏が優勝したけど、彼は決勝の一発勝負で中国に勝って金メダル。中国も決勝になればプレッシャーがあるし、チャンスはあると思います。

ただ、団体戦となるとかなり大変ですね。5試合のうち、3回勝たないといけないので、チームの層を相当厚くしないといけません。水谷君みたいに実力のある選手が2、3人いれば勝つチャンスはあるんですけど、残念ながらまだそこまでのチーム力は、日本も他の国もないから中国が勝ち続けています。

――水谷選手は、対中国を考えた時にどこが鍵になると考えていますか？

水谷 自分は引退が近い身ですし、東京オリンピックのシングルス代表にはなれなかったので、正直なところシングルスにおいて中国対策はあまり考えてないです。それよりミックスダブルスは勝つチャンスがあるので、そっちに重点を置いています。

ダブルスで重要なのはやはりサービスとレシーブですね。僕のサービス、レシーブは中国の女子選手にすごく有効というのが、今まで試合をしてきて感じているので、そこを磨いて女子選手の方を崩すことができれば、中国に勝つことはできます。

「張本はいずれメダルを絶対に獲れる。金メダルの可能性もあります」（水谷）

松下　張本君が世界チャンピオンになれるかどうか、水谷君はどう思う？

水谷　いつかはチャンスあるでしょうね。中国の馬龍と許昕が引退したとして、あとは樊振東だけですし。ただ、サウスポーの王楚欽《おうそきん》という若手がいて、張本はすごく苦手にしている。彼にさえ当たらない組み合わせだったら、行けそうな気がします。
ただ、台湾の林昀儒もかなり力をつけているし、他の国の選手も強い。実際、張本も中国選手までたどり着けずに他の国の選手に負けてしまうことも少なくないので、そこは乗り越えるべきところですね。中国選手は常に大舞台でも勝ちきる力を持っているので、そこの差はあると思います。

松下　韓国も強いよね。

水谷　かなり強いですね。だからある意味誰が勝ってもおかしくない。中国でもなく張本でもなく、違う国の選手がポッと優勝することはあるかもしれない。

松下　確かに、そう考えるとチャンスはある。

水谷　何回か世界選手権に出ていればいずれメダルは絶対獲れると思いますし、金メダルの可能性もあるんじゃないんですかね。技術的な部分では張本もすごく強くなっていますし、これからもっともっと強くなってくるので、数年後は非常に楽しみです。

――今、次の期待の星として松島輝空選手（ＪＯＣエリートアカデミー）もいますが、水谷選手はどう見ていますか？

水谷　じっくりと彼の試合を見る機会がなかったので、あまりわかりませんが、世界で勝つ選手になれるかどうかで考えるならば、今の時点で日本のトップクラスに入っている必要があります。張本は中学2年で全日本選手権を優勝していますから。松島君もこの1、2年が勝負なので、頑張ってほしいです。

「（水谷には）僕は勝てるわけがない！世界ランク一桁の選手はレベルが違う」（松下）

――改めて卓球の魅力についてお聞かせください。

水谷　やっぱり卓球の一番の醍醐味っていうのはラリーだと思うんですよね。中陣、後陣でのダイナミックなラリーが見ていて一番面白い、純粋に楽しめる部分です。

そして卓球の奥深さというのはやはり回転。なかなか目ではわかりづらい部分なんですけど、そういう部分があるのは知っていただけると嬉しいです。

あとはすごく精神面が大事な競技で、勝負どころでのお互いの心理戦だったりとか、勝負の駆け引きだったりとか、そういうところにも注目していただきたいです。

――水谷選手も他の選手の試合を見たりしますか？

水谷　しますよ。最近でいえば、中国チームが東京オリンピックの模擬大会みたいなのやってましたけど、すごく面白かったです。あとはどの大会でも決勝戦はお互いにすごく必死だし、本気でぶつかるので見る方も盛り上がりますね。

――松下さんは、水谷選手の試合で記憶に残っているものはありますか？

松下　水谷君に関してはたくさんありますね。高校2年の時に全日本選手権で優勝した時とか、２００９年世界選手権の男子ダブルスで銅メダルを獲った試合とか。あとはやっぱりリオオリンピックですね。男子シングルスの銅メダル決定戦、サムソノフ（ベラルーシ）との試合は、僕としてもすごく印象深いです。

――話は変わりますが、もし全盛時のおふたりが試合したら、どちらが勝つのでしょうか？

松下　勝てるわけないじゃないですか（笑）。僕は死ぬほど頑張って、世界ランキング最高17位ですよ。世界ランキング一桁に入るような選手には勝てません。10回やったら1回くらい勝てるかもしれないけど、それぐらいレベルが違いますよ。

水谷　どうですかね。でも公式戦では松下さんには0勝1敗で、僕が全日本で初優勝する前年に負けてるんですよ。その時はもう松下さんは結構年齢がいってて、自分は高1でこれからって時だったのですが勝てませんでした。結果として負けてしまって悔しいですが、やれずに引退というのは僕も寂しかったので、試合できたことは本当に良かったです。

松下　そう言ってもらえるのは嬉しいですね。今日はありがとうございました。

おわりに

２０２０年は新型コロナウイルス感染症拡大によって、世の中が大きく変わった年となりました。３月に韓国で開催予定だった世界選手権、そして7月からの東京オリンピックが延期になり、大小様々な大会、スポーツイベントが中止されました。

現役の選手たちにとっては、この状況はかなり苦しいと思います。試合ができず、その中でモチベーションを保って練習するのは大変なことでしょう。学生では目標にしていた夏の大会、引退試合がなくなってしまった人もいます。

改めて感じるのは、スポーツがない日常は寂しいということです。早く元の日常に戻ってほしいですし、多くの人が安心して楽しめる大会を作れないだろうかと私自身も考えています。

去る9月14日には「２０２０ JAPAN オールスタードリームマッチ」が開かれ、張本智和選手や石川佳純選手など国内のトップ選手が参戦しました。リモート開催のため観客はいませんでしたが、久々の試合で選手たちも生き生きとしていましたし、卓球ファンの皆さんも試合を楽しんでくれたようで本当に良かったです。

本書は、多くの人に卓球の魅力を知ってもらいたいという思いで、様々な知識を紹介してきました。そして、読者自身が「解説者」となって試合を分析できるようになってほしい、そんな願いも込めてあります。選手がどんな特徴を持ち、どう戦っているのか。自分なりに解説できるようになると、卓球の見え方も変わり、もっともっと観戦が楽しくなるはずです。

また観戦術がテーマではありましたが、結果的には卓球の上達に役立つ本にもなったかと思います。本書で得た知識が新たなヒントになったり、モチベーションアップにつながることもきっとあるでしょう。

本書が、卓球の面白さを知り、好きになるきっかけになってくれたら大変嬉しく思います。また少しでも早くこの状況が収束し、多くの人が待ち望んでいる東京オリンピックが無事開催され、そして今までどおり卓球を楽しめる日常が戻ってくることを心から祈っています。

２０２０年10月　松下浩二

著者プロフィール

松下浩二
Koji Matsushita

1967年８月28日生まれの愛知県出身。元プロ卓球選手、Ｔリーグアンバサダー。明治大学卒業後、協和発酵に入社。日本卓球界初のプロ選手として日産自動車、グランプリ、ミキハウスと日本国内で活躍し、その後、海外にも視野を広げ日本人初となるドイツ・ブンデスリーガとフランスリーグでプレーをした。バルセロナ五輪から４度のオリンピックに出場。現役時代はカット主戦型として粘り強く戦い、2000年の世界卓球クアラルンプール大会でのティモ・ボル戦は今でも名勝負として語り継がれている。現役引退後は日本初のプロリーグ化を目指して尽力する。2018年に「Ｔリーグ」を創設し、初代Ｔリーグチェアマンとなる。2020年７月をもってＴリーグチェアマンを退任。退任と同時にＴリーグアンバサダーに就任した。

執筆・構成	渡辺　友
本文・カバーデザイン・DTP オペレーション	上筋英彌（アップライン株式会社）
カバー・図版イラスト	庄司　猛
編集協力	片山実紀
編集	小室　聡（株式会社カンゼン）
帯	©バタフライ
写真提供	VICTAS
取材協力	株式会社ファルコン

卓球超観戦術
0.3秒間のラリーから戦術を読み解く

発行日　　2020年11月6日　初版

著　者　　松下浩二

発行人　　坪井 義哉
発行所　　株式会社カンゼン
〒101-0021
東京都千代田区外神田2-7-1 開花ビル
TEL 03（5295）7723
FAX 03（5295）7725
http://www.kanzen.jp/
郵便為替 00150-7-130339

印刷・製本　　株式会社シナノ

ISBN 978-4-86255-557-1
Printed in Japan

定価はカバーに表示してあります。

ご意見、ご感想に関しましては、kanso@kanzen.jpまでEメールにてお寄せ下さい。

お待ちしております。